JN002379

民衆こそ王者

池田大作とその時代

18

「地区講義の光」篇

潮出版社

民衆こそ王者　池田大作とその時代⑱　「地区講義の光」篇　目次

装丁／金田一亜弥
高畠なつみ

カバー写真／御書を講義する池田（一九七二年八月、静岡・富士宮市）。のちに池田は「御書は、全人類に『冬は必ず春となる』と示し切った『希望の経典』である」と綴っている
©聖教新聞社

民衆こそ王者

池田大作とその時代⑱

「地区講義の光」篇

第1章 「必死の一人」の存在——鶴見支部①——

「聖火《せいか》鶴見《つるみ》に炎上」——一九五一年（昭和二十六年）四月二十日、「聖教新聞」の創刊号に、神奈川・鶴見の快進撃を報じる見出しが躍《おど》った。

その陰《かげ》には一人の青年の姿があった。

「冬は必ず春となる」——日蓮の言葉を通し、病《やまい》に臥《ふ》せる壮年や、生活苦にあえぐ婦人に希望を送り続けた若き日の池田大作の奮闘を描く。

一人の婦人部員が横浜の鶴見《つるみ》銀座で手芸《しゅげい》店を営《いとな》んでいた。ある日、参加した創価学会の会合で「……皆さんも、いつの日かハワイに行けるようになるんですよ」と話す青年幹部がいた。一九五二年（昭和二十七年）ごろのことである。太平洋戦争の敗戦から七年。座談会《ざだんかい》や御書《ごしょ》（日蓮《にちれん》の遺文集《いぶんしゅう》）の講義に足を運ぶ鶴見支部の人々にとって、海外への旅など夢物語のようなものだった。

その婦人部員は思わず「何言ってるのよ、池田さん」と言って、その青年の肩をポンと叩《たた》いた。二十四歳の池田大作は、それでも真顔《まがお》で「本当に、行けるんですよ」と念を押した。

――この時のやりとりについて彼女は「今思えば、恐縮《きょうしゅく》の至《いた》りです」と語り残している。

一九六六年（同四十一年）の冬。池田のアメリカ訪問に合わせて、日本から一二〇人ほどの交流団がハワイに赴《おもむ》いた。その一員に選ばれたのである。

交流座談会、ハワイ会館の入仏《にゅうぶつ》式……〝十四年前の約束〟を思い出しながらの旅になった。

創価学会の鶴見会館（1964年）。地域の学会員の拠点となった ©Seikyo Shimbun

池田に感謝を伝える機会があった。驚いた。池田もまた、あの一瞬の出来事を覚えていたからだ。

「……ハワイに来られたでしょ」。池田はそう言って、その婦人の肩をやさしくポンと叩いた。

「ただ一つの光は学会の座談会でした」

「……鶴見の再建のために、まだ創価学会が小さくて、バカにされ、誹謗《ひぼう》され、足蹴《あしげ》にされている時分《じぶん》、この人たちは、ここで戦ったのです」

神奈川本部の入仏式（一九六五年三月）で池田は、数人の名前を挙げて「このような人々が戦って、今日《こんにち》の神奈川を築《きず》いてきたということを瞬時《しゅんじ》も忘れてはならない」と語った。

池田はまず森田悌二《ていじ》の名前を挙げた。「若いモンは存分に戦ってくれ。後始末《あとしまつ》はワシがやる」が口癖《くちぐせ》の、鶴見支部初代支部長である。

一九〇〇年（明治三十三年）、鶴見の農家に生まれた。

〈十八歳で父親と死別。五男一女の長男として一家を支えるため、田畑を宅地《たくち》にして地主《じぬし》となり、昼間は信用組合に勤務。その後、弟妹《ていまい》の相次《あいつ》ぐ死に直面し入信を決意した〉（池田のエッセー『忘れ得ぬ同志』２）

太平洋戦争が始まった四一年（昭和十六年）の秋、初代会長である牧口常三郎《つねさぶろう》の自宅で仏法の話を聞いた。印象に残ったのは、座談会の雰囲気の明るさだったという。

〈戦争も激しくなり、政情《せいじょう》不安の暗国《あんこく》日本にただ一つ光明《こうみょう》を照らしていたのは、学会の座談会でした。この座談会は牧口先生の発案《はつあん》で日本を救うには正しい宗教の興隆《こうりゅう》以外にないといって、座談会を中心に一対一の対話が行われたのです。この伝統は今日まで続いています〉

（森田悌二の手記）

軍部政府の弾圧《だんあつ》によって、牧口は七十三歳で獄死《ごくし》した。戸田城聖《じょうせい》（第二代会長）は生きて獄を出た時、四十五歳だった。学会の組織は崩壊《ほうかい》していた。

敗戦後、神奈川方面の再建は森田悌二の家が拠点になった。〈京浜《けいひん》急行・鶴見市場《いちば》駅から徒歩五分のところにあり、麦畑に面した納屋《なや》を増改築《ぞうかいちく》した中二階《ちゅうにかい》で県下初《けんかはつ》の座談会が開始された。

（昭和）二十三年初頭のころから毎月一回、開かれ、戸田先生も一年近く通われた〉（前掲『忘れ得ぬ同志』2）。

同じ時期、戸田は西神田の地で法華経《ほけきょう》の講義も始めている。

「戦争中の弾圧で幹部が退転したのは、『教学がなかったから』だ」――この戸田の考えを知った悌二は〈先生の講義を、わかる、わからぬということは別として、一日も休まずに通うと決心して、その通り実行した〉（森田悌二の手記）。

「字が書けないから幹部がやれないなどと誰《だれ》が言った」

鶴見区の生麦《なまむぎ》や朝日町に住んだ助産師《じょさんし》の小松英子もまた、森田悌二と同じ年に牧口常三郎から折伏《しゃくぶく》され、学会に入った。鶴見の再建を支えた一人である。

戦前のある日――〈牧口先生から生麦で行う座談会に来るようお電話をいただき、子どもをおぶって初めて座談会に出ました〉（小松英子の手記）。

英子の姑《しゅうとめ》のスミが、学会に猛反対していた。座談会の帰り道、牧口は生麦駅前のそば屋で英子に「好きなものを」とご馳走《ちそう》してくれたという。

〈（牧口先生は）姑がうるさいのをご存じで、子どもに風邪《かぜ》をひかせてはいけないと、背中に新聞紙を入れて、その上からねんねこを掛《か》けてくださり、「こうすれば、着物一枚分暖かいんだよ」と教えてくださいました〉（同）

英子の息子である政光は「牧口先生に新聞紙を差し込んでいただいたのは私です。もちろん赤ちゃんだったから覚えていませんが」と笑う。「母の実家は下田の箕作《みつくり》ですが、牧口先生が行ってくださったそうです」。

「父の小松関太郎は鶴見の安善《あんぜん》地区の地区部長を務めましたが、それまでは自分に学歴がないことを気に病《や》んでいました。父の心を変えてくださったのは戸田先生でした」

東京・西神田の学会本部――関太郎は戸田城聖の御書講義に参加した。地区部長になることを悩み、その悩みを言いよどんでいた。

講義が終わり、戸田と二人になった。戸田が「さあ、行こう」と階段を下り始めた時、関太郎はやっと一言「先生」と口にした。

「戸田先生が『何だい？』と言われても、父は胸がつまって何も言えない。戸田先生は座り直して『どうした？』とうながされ、父はようやく『田舎者《いなかもの》なので、人前では話せません』と言ったそうです」（小松政光）

戸田は関太郎に「火の信心」と「水の信心」の話をした。――創価学会の信心は、ぱっと燃えさかってすぐ消える「火」ではダメだ。「水」とは、その辺の水ではなく、山の谷間から湧《わ》き出る清《きよ》らかな水、たゆまず流れる水のことだ――

水の流れるような信心が、あなたにはある。その信心と、学歴や社会的な地位などは、つゆほども関係ない。このことを戸田は丁寧《ていねい》に話した。

「戸田先生は『信心をやっているような格好《かっこう》をしていても、本当かどうかはすぐわかる。本が読めない、字が書けないから幹部がやれないなどと誰《だれ》が言った。呼んでこい。ちゃんと脇士《わきし》

創価学会初代会長の牧口常三郎（1942年）。牧口も生麦の地に足を運び、座談会で仏法を語った
©Seikyo Shimbun

（副役職）をつければいいのだ』と。父はその言葉が本当にうれしかったそうです。のちに国会議員になる人と、行政書士の人が副役職について、安善地区は二五〇〇世帯まで増えました」（小松政光）

小松英子は〈夫婦で日本中を歩き、青森、会津若松、栃木、伊勢、京都、（福岡の）博多、新津《あらつ》と折伏に回り、地区を作ってきました〉と書き残している。

「私が子どものころ、母が婦人部の人たちとよく打ち合わせをしていたのを覚えています。『今度は会津へ行くけど、誰と組んで行こうか』とか、『常陸《ひたち》太田には誰と行こう』とか。とにかく楽しそうでした」（小松政光）

少年が朝日町の自宅で垣間《かいま》見たのは、創価学会の草創期《そうそうき》の原風景だった。東京の蒲田《かまた》と並ぶ源流の地、神奈川の鶴見。証言をたどると、池田の青春時代の苦闘《くとう》が浮かび上がった。

「今が正念場《しょうねんば》だ」

松本康男とフキの夫妻は、鶴見の花月園《かげつえん》の近くに住んでいた。創価学会に入ったのは敗戦から五年後の春だった。

娘の和子は「父はもともと横須賀の海軍工廠《こうしょう》で、船の羅針盤《らしんばん》を作っていました。昭和二十五年、父が戸田先生にお会いした時、何の仕事をしているのか尋《たず》ねられたんです。戦後、父は

平屋が多く立ち並ぶ1950年（昭和25年）ごろの生麦 ©Seikyo Shimbun

工場を建てて船の部品の修理をしていました」と述懐《じゅっかい》する。

「……戸田先生は『それなら話は早い』と。『船に羅針盤がないと暗礁《あんしょう》に乗り上げちゃったり、目的地に着かないじゃないか。大変なことだ。人生行《こう》路《ろ》も羅針盤が大事なんだ。その羅針盤が、南無妙法蓮《なんみょうほうれん》華経《げきょう》の御本尊《ごほんぞん》様なんだ』『やる、やらないは自由だけど、どうかね』と言われました」（松本フキの回想）

まず康男が学会に入った。フキは反対だった。しかし、仕事が好調になり、それまで几帳面《きちょうめん》すぎた康男の振る舞いが大《おお》らかに変わってきた姿をみて、フキも続いた。

松本夫妻が二十二歳の池田と会った

のは、それからすぐのことだった。

池田自身、〈戸田城聖の事業が暗礁《あんしょう》に乗り上げた、あの試練《しれん》の時代に、彼（山本伸一＝池田をモデルとした人物）は仕事で、この地（鶴見）に、毎日のように足を運んだ。胸を病《や》み、体も最も憔悴《しょうすい》していた……〉と綴《つづ》った時期である（小説『新・人間革命』第二版、第二巻）。

＊

〈……ほとんど毎日のように、（池田）会長は鶴見方面を訪れました。当時、戸田前会長の事業が最悪の事態で、その事業の責任を全部、池田会長が双肩《そうけん》に担《にな》っていたのです。寒くなっても、着るオーバーを持たず、かわりにレインコートを着て……体調も最悪の状態だったようです〉（松本フキの手記）

後年、池田は新社会人に向けたエッセーで、この時期の心境に触れている。

〈どんな会社に就職しても、つねに自分の好きな仕事ができるとは限らない。あるいは、実際に仕事をしてみると、当初、描いていたイメージとは異《こと》なり、落胆《らくたん》することもあるかもしれない。

私も、戸田先生の事業が窮地《きゅうち》に立たされた時には、雑誌が廃刊《はいかん》となり、編集から、金融の仕事に変わることになった。もっとも嫌いな仕事であった。

しかし、私は決意した。〝今が正念場《しょうねんば》だ。最高の働きをしよう。これは新しい力《ちから》をつけるチャンスだ！〟

胸を病みながら、必死に働き抜いた。顧客《こきゃく》のために、昼となく、夜となく、足を運び、どこまでも誠実に対応した。それによって、先生の事業が好転し、危機を脱するにいたったことが、私の誇りである〉（『池田大作全集』第一二九巻）

　松本フキは、質素《しっそ》な身なりだが礼儀正しい池田と初めて会った時、〈若いという印象をはるかに越えて威厳《いげん》さえ感じました〉と綴っている。

　――このころの池田の日記から（前掲全集第三十六巻）。

〈善戦《ぜんせん》、ここに半月。本日も惜敗《せきはい》す。／……悪戦《あくせん》に、疲れたのか。身体の調子、頗《すこぶ》る悪し〉

（一九五〇年五月十三日、曇）

〈激戦、今日も激戦〉（同五月十五日、晴）

〈目下、先生の尖兵《せんぺい》として、外交戦、専門。／外交は、苦しい仕事だ。しかし、実力の評価は、最大にわかるものだ。／……外交。個人も、一家も、一会社も、一国も、大事なことだ。武力でなく、財力でなく、一個の人間の力を根本とした外交。／度胸《どきょう》と、智慧《ちえ》と、誠実の修行は、外交をおいてない〉（同五月十九日、晴）

*

　事業再建のための外交戦。その主戦場の一つが鶴見だった。「敵」は外部だけにいたのではなかった。池田が第三代会長に就任した二週間後、鶴見、京浜、横浜の三つの支部が集まって会合を開いた。池田はその場で次のように語っている。

「……戦後の学会の最初の難は、戸田先生の事業が窮地に陥《おちい》ったことです。先生は最も苦しまれていた。その時、かつて、先生にお世話になった三人の幹部が言ったことが忘れられません」

一人目はこう言った。

〝戸田なんかに使われるのはやめたまえ。体まで壊《こわ》してしまって、ばかばかしいじゃないか〟

健康を気遣《きづか》うふりをして、弟子を師匠から離そうとする人だった。

二人目はこう言った。

〝戸田につかないで、俺につけ。俺のほうの商売をやっていけ〟

目先の利益を持ち出し、そそのかす人だった。

三人目はこう言った。

〝今こそ信心で立つべき時だ。決して御本尊様を疑ってはいけないよ〟

何があっても戸田城聖を守れ、と励ましてくれた。

戸田が最大の苦境《くきょう》を脱《だつ》し、創価学会の第二代会長になったのは一九五一年（昭和二十六年）の五月である。その翌月の池田の日記。

〈……戸田先生のことを、一人、深く思う。／読書。男は偉大なる程《ほど》、その愛、また深きものなり。／就寝《しゅうしん》、三時〉（六月六日、晴）

〈……世には、立派そうな人、偉そうな人は沢山《たくさん》いる。だが、近づいて見ると、情けなくなる。

いや、自分は、戸田先生に、ただ、続けば、全部なのだ〉（六月九日、小雨）
〈多忙《たぼう》な、激しい闘いの一か月であった。この一年の、上半期は終わった。明日より、否《いな》、今より、七月である。

電車の中で、新聞を読む。外国のニュースに、一日も、一年も早く、諸外国にゆきたい衝《しょう》動《どう》にとらわれる。英語の勉強をせねばならぬことを、痛切に考える。／午後、鶴見に、S宅、Y宅、M宅、O宅を訪問。種々、懇談する。皆、良い人々だ／……就寝、二時〉（六月三十日、小雨）

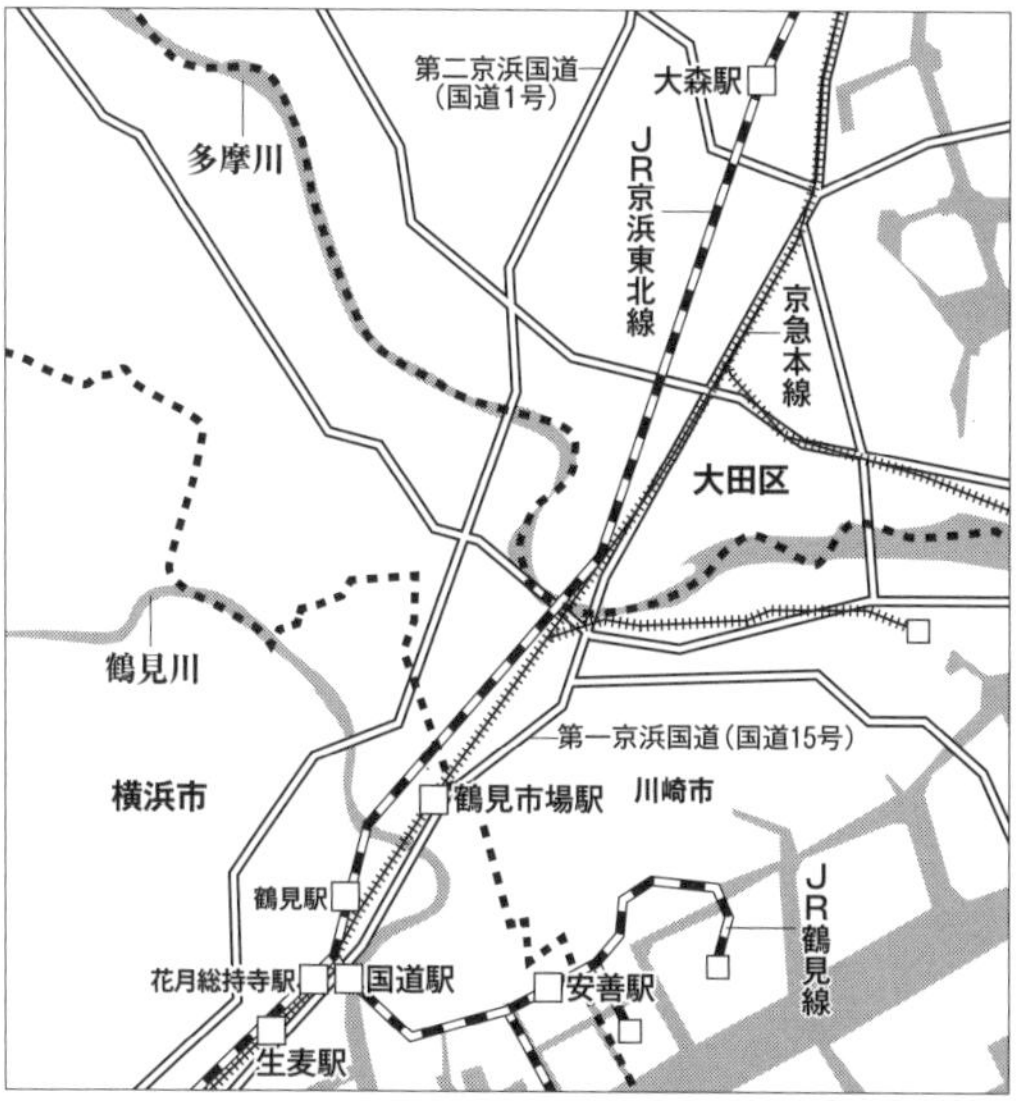

現在の東京・大田区と横浜市鶴見区の地図

「先生の杖《つえ》になる」

鶴見市場駅の近くに住んでいた飯島キヨは、銭湯《せんとう》で背中を流し合う仲の婦人から仏法の話を聞いた。一九五〇年（昭和二十五年）の夏のことだった。夫婦で学会に入った。明治生まれの夫、徳太郎は重い脊椎《せきつい》カリエスを患《わずら》い、寝たきりだった。

キヨは大きな地主の家に生まれた。バスガイドとして働いている時、運転手の徳太郎と出会い、結婚。令嬢《れいじょう》として育ったが、モンペにわら草履《ぞうり》の暮らしを選んだ。その後、徳太郎が病《やまい》に臥《ふ》せるようになってしまい、介護《かいご》が続いた。

信心を始めてちょうど一年後の七月――徳太郎が「今日は調子がいいから」と、杖《つえ》をついて座談会に行った。帰ってくるなり、キヨに「今日は若くて凜々《りり》しいお方《かた》にお目にかかった」「普通のお方じゃないよ」と興奮して話した。

肝心《かんじん》の名前を聞きそびれた、どうしても知りたいから支部長に聞いてくれ――徳太郎からそう頼まれたキヨは森田悌二に尋《たず》ね、池田大作という名前を知った。

「……その一週間後、玄関に『こんにちは、池田です』と先生が訪ねてきてくださったのです。その頃わが家は、貧乏《びんぼう》のどん底で畳《たたみ》はぼろぼろ、雨漏《あまも》りもひどい状態でした」（飯島キヨの回想）

池田は横になっていた徳太郎の手を握り、「飯島さん、苦しいでしょうけれども、無駄《むだ》にはなりませんよ。必ず幸せになります。苦難が多ければ多いほど、幸せも多いです」「あと四十年生きてください」と励ました。その日の夜、徳太郎は布団《ふとん》の中でむせび泣いた。

飯島夫妻は当時、少しでも家計の足《た》しにしようと養鶏《ようけい》を営んでいた。

〈……何も差し上げる物がないので「卵《たまご》を召し上がってくださいますか」とうかがいました。

先生は「いただきます」とおっしゃいました。

私は二個、茶碗《ちゃわん》に割って差し上げました。「新鮮だからおいしいですね」と召し上がってくださいました〉（飯島キヨの手記）

池田が「おいくらですか」と言っても二人は「いりません」「気持ちですから」と頑《かたく》なに拒《こば》んだ。池田が帰った後、キヨが座布団《ざぶとん》を片づけると、そこに卵二個分の代金が置かれていた。

＊

飯島夫妻の近くに住んでいた保坂キヨ子は、二人から娘のように可愛《かわい》がってもらった。「私が幼稚園に通っていたころ、徳太郎さんが池田先生のことを『すごい男だ』と何度も話してくれました」と語る。「鶴見支部の日曜の勤行会《ごんぎょうかい》に池田先生からお菓子《かし》が届いたこともありました」。

池田が飯島宅に饅頭《まんじゅう》を持参した時――〈私は思わず「あっ、本物のあんこが入っています」と言ってしまいました。当時は、お饅頭といっても小麦粉《こむぎこ》やじゃがいもの粉《こな》の団子《だんご》しか買えなかったのです〉（飯島キヨの手記）。

その三日後――八月の太陽が傾《かたむ》き始め、少し暑さが和《やわ》らいだ夕刻のことだった。〈魚のアラを市場の魚屋にもらいに行っての帰り、鶴見市場駅の踏切《ふみきり》で電車の通過を待っておりましたら、池田先生にお目にかかりました〉（同）。

キヨは両手にバケツを持ったまま、池田に饅頭の礼を伝えた。

〈「このバケツは何ですか」とお聞きになりました。私は「魚のアラです。大鍋《おおなべ》で煮《に》て、天日《てんぴ》に干《ほ》して糠《ぬか》にまぜて鶏《にわとり》の餌《えさ》にします」と申し上げました。先生は汚《きたな》いバケツを国道の手前まで運んでくださいました〉（同）

池田は近くの銭湯で汗を流し、これから学会活動へ向かおうという時だった。遮断機《しゃだんき》が上がると「重たいでしょうからお持ちしましょう」と魚のアラやワタが山盛りのバケツを両手にさげ、すたすたと歩き始める。キヨは驚いた。「ズボンが汚《よご》れます」と声をかけ、あわてて後に続いた。

踏切を渡って左に曲がり、第一京浜（国道十五号）の「市場駅入口」まで、二〇〇メートル足らずの距離である。国道に出て右を見ると、現在、正月のたびにテレビを賑《にぎ》わせる「箱根駅伝」の鶴見中継所が目と鼻の先にある。

「頑張《がんば》ってくださいね」と言って鶴見市場駅に戻る池田の後ろ姿を、キヨは祈るような思いで見送った。

秋になり、「この貧乏《びんぼう》はいつまで続くんですか」と池田に尋ねたこともある。池田は「飯島さん、末法《まっぽう》の功徳《くどく》は冥益《みょうやく》です」と答えた。

「〝みょうやく〟ってなんですか」

池田は「紙を積みあげる」ことに譬《たと》え、「二十年」という目安を示した。「たとえば半紙《はんし》を一日に一枚ずつ積みますね。一年に三六五枚です。それが十年、二十年と重ねた時には、とても

現在の「鶴見市場駅」付近を上空から望む ©アマナイメージズ

高くなりますね。冥益は絶対に崩れません」。

キヨは「二十年経《た》たなきゃダメなんですか」と粘《ねば》った。

池田は「でも飯島さん、題目《だいもく》をあげて、折伏《しゃくぶく》をしてらっしゃるでしょう。楽しいじゃないですか？」と尋ねた。

「楽しいです」と答えるキヨに「題目をあげると、どうですか」と問うた。

「はい、生命力が湧いてきます。やろうっていう気持ちになります」

「それでいいじゃないですか。それを毎日、毎日続けて、二十年経った時に、素晴らしい境涯《きょうがい》になります。お金にも不自由しなくなります」

キヨは「不思議《ふしぎ》ですよ。それから十五年目くらいからお金に困らなくなり、二十年目に、貯金ができるようになりました」と振り返っている。

*

飯島キヨが池田から教わった御書の御文《ごもん》が二つあった。

一つは〈法華経を信ずる人は冬のごとし。冬は必ず春となる〉（妙一尼御前御消息《みょういちあまごぜんごしょうそく》、御書一二五三ページ、新一六九六ページ）。

もう一つは〈苦をば苦とさとり《覚》、楽をば楽とひらき《開》、苦楽ともに思《おも》い合《あ》わせて南無妙法蓮華経とうち《打》とな《唱》えい《居》させ給《たま》え〉（四条金吾《しじょうきんご》殿御返事、御書一一四三ページ、新一五五四ページ）。

〈小さな私もいつのまにか他人の幸せを考えられる境涯となりました〉と書き残したキヨの弘《ぐ》教《きょう》の数は八十世帯を超える。

夫の徳太郎は四十歳の時、医師からあと一年持つかどうか、と危《あや》ぶまれていたが、それから四十年以上、寿命《じゅみょう》を延《の》ばした。最晩年、「必ず幸せになります」という池田の言葉を思い返し、キヨに「先生のおかげで、幸せになれたな」と言って涙をこぼした。八十三歳の夏、こう言い残して息を引き取った。

「今度は、池田先生の杖《つえ》になって、世界広布に一緒に飛び立つんだ」

飯島夫妻と親しかった保坂キヨ子は、キヨから聞いた話が忘れられないと語る。「ある地方の懇談会《こんだんかい》で〝これまで食べたものの中で、一番おいしかったもの〟について、池田先生は〝横浜の一婦人がくださった、産みたての温かい卵が一番おいしかった〟と話されたそうです。キヨさんが満面の笑みを浮かべて教えてくれました」。

創価学会の鶴見文化会館を初訪問し、勤行（ごんぎょう）する池田と妻の香峯子。草創の学会員との再会を喜び、約1時間にわたり懇談した（1985年1月、横浜市鶴見区）©Seikyo Shimbun

自然に起こった「ミニ座談会」の波

一九五〇年（昭和二十五年）から数年間、池田が鶴見に通う日は続いた。

〈一日中、身体の具合悪い。題目をあげねばならない。／立派な人は、泣く事を知る。叱《しっ》責《せき》することを知る。じっと忍《しの》ぶことを知る。人の悩みを知る〉（一九五〇年五月二十二日、晴）

〈先生の事業、日増《ひま》しに、苦境に入るを、明らかに感じて来る。／先生の御身体《おからだ》の具合も、芳《かんば》しからざるを、深く感ず。／戸田先生の後継は、私しかない。／死んではならぬ。斃《たお》れてはならぬ〉（同七月九日、晴）

八月下旬、戸田の会社の業務停止が決まっ

た。

〈刻一刻《こくいっこく》と深刻なる事態の肉迫を受《う》く。／二十二歳の、青春――これが、決定されていた、師弟の縁《えにし》か。／……先生も、本当に、お苦しい様子。悔し涙が一杯。そして、師に続き苦しみゆける、感涙《かんるい》が一杯。／百年の計を決して忘るな。百年の計を、決して、過《あやま》たずゆけ〉（同九月一日、晴）

〈歓喜で働ける日、苦しみながら戦う日、様々《さまざま》だ。だが、これ程、真剣に戦えば、絶対に悔《く》いはない。倒れても、誰人も見ていなくとも〉（同九月二十三日、晴）

＊

戸田を支える池田の姿を、松本フキは鶴見の地で目に焼きつけ、後輩たちに何度も語り、また書き残している。

「昭和二十五、六年の鶴見支部は、〝新来者《しんらいしゃ》を池田青年に会わせる〟という戦いによって、鎌倉、逗子《ずし》、藤沢、横須賀にと、どんどん新入会者が増えていったのです」

「池田先生に折伏してもらおうと、先生がお仕事で鶴見にいらっしゃる日に合わせて自分の親兄弟や友人を呼ぼうという機運《きうん》が出てきました」（松本フキの回想）

娘の和子は「私はまだ小学生でしたが、池田先生が来ると本当にうれしかったんです。絵本や雑誌をいただいて『本を読むんだよ』と言われたことや、母と妹と一緒にかき氷をごちそうになったこともありました」と語る。

「何か特別なことをしてくれるわけではないんです。お兄さんが来た！という感じでした。『人間革命』『宿命転換《しゅくめいてんかん》』『一生成仏』『広宣流布《こうせんるふ》』などの言葉は池田先生から聞きました」

池田は鶴見の婦人部の有志に「どんな階層の人とも、対等に話せるように」と励ました。その場にいた一人である吉澤婦美江は、身を粉《こ》にして動き続ける池田に、煎餅《せんべい》を手渡したことがある。「先生は、その煎餅を子どもたちにあげていました。先生はそういう方でした」（吉澤婦美江の回想）。

後年、婦美江の夫の敏雄が、がんで闘病中、池田が家までお見舞いに来たこともあった（一九七九年六月二日）。それは池田が第三代会長を辞任した直後のことだった。「まったく突然のことで……先生は『まだこれから行くところがあるから、（家に）あがることはできないけど』と言われながらも、細々《こまごま》と状況を聞いていただきました」（同）。

＊

鶴見の草創期を振り返る松本フキの手記。

〈……あるとき一軒の家に行って話しているうちに、いつの間にか三人、四人と人が集まってきて、（池田）会長の話に聞き入るのです〉

〈青年はもちろん、五人、六人の子どもをもつ婦人たちまでが毎日毎日、「今度池田さんはいついらっしゃるのか教えてください」「私の子どもを折伏していただきたいのです」という具《ぐ》合《あ》いで、折伏の機運は、自然に高まっていったのでした。……会長を中心に、何十回、何百回

とミニ座談会が開かれたのです。会長は必ず御書をとおして話してくださいました〉

フキが長男の嫁《よめ》であること、そして二人の娘がいることを聞いた池田は、鶴見の雑踏《ざっとう》の中、日蓮の門下である「日眼女《にちげんによ》」や「新尼《にいあま》」の話をした。

――四条金吾が日蓮大聖人《だいしょうにん》に尽《つ》くせたのは、妻の日眼女が家を守り、女の子を立派に育てたからです――

幼い子どもを抱えた日眼女は、夫の四条金吾を、鎌倉から日蓮が流罪《るざい》になった佐渡まで送り出した。

日蓮は彼女に宛《あ》てて〝こんな乱れた世の中で、夫を遣《つか》わしたあなたの真心は大地よりも厚く、大空よりも高い〟と綴っている（同生同名御書《どうしょうどうみょうごしょ》、御書一一一五ページ、新一五一九ページ、趣意）。

〈入会したばかりでなにもわからない私に、会長は歩きながらいろいろと話してくださいました〉（松本フキの手記）

――姑《しゅうとめ》を救うのは、あなたの姑を思う信心以外ないのですよ――

池田がフキに話した、もう一人の門下の新尼もまた、佐渡流罪の渦中《かちゅう》、信仰を貫いた女性である。日蓮は迫害の日々を振り返り、〈千が九百九十九人は堕《お》ちて候《そうろう》〉――一〇〇〇人のうち九九九人は退転《たいてん》した――という有名な一文を新尼に書き送っている（御書九〇七ページ、新一二二三ページ）。新尼の姑である大尼《おおあま》も退転してしまった。

「……姑が退転するなか、信心を貫くことが、どれほど大変であるか。そのけなげな新尼の戦いを、（日蓮）大聖人は、じっと見守っていかれた。
……大事なのは、年齢ではない。立場でもない。信心が強いかどうかである」（二〇〇五年の池田のスピーチ）

「私は学会は嫌いだが、あんたのことは大好きだ」

〈……久しぶりに、ゆっくり休む。非常に疲れているらしい。明日の激戦《げきせん》のことを思うと、頭が痛む。／一、勉強をしたい／一、仕事に打ち勝ちたい／一、身体が丈夫になりたい／……感傷の湖に、遊びたくなる日がある。現実の葛藤《かっとう》の巷《ちまた》に戦う、感激を思う日もある。／信ずるのは、汝《なんじ》自身だ。その汝自身を、覚知《かくち》させてくれるのが信仰だ〉（一九五〇年八月二十日の池田の日記）

鶴見の人々は「必死の一人」の存在に気づいていく。

「暑い日も寒い日も……みんな、常陸《ひたち》太田から呼んだとか、仙台だとか青森だとか、長野だとか伊勢だとか掛川だとか、あっちからもこっちからも友人だとか親戚《しんせき》だとかが来たり……池田先生を囲んだ自然発生的なミニ座談会が毎日のように鶴見のあちこちで開かれるようになって、勢いが加速していきました。池田先生のいらっしゃる場所が即《そく》、座談会の会場なのです」（松

本フキの回想）

　息子夫婦の信心に猛反対していた小松スミも、池田に心を開いた一人だった。「いつも玄関先の長火鉢《ながひばち》の前でキセルをふかして、子どもが悪《わる》さをするとすかさず棒で叩く、おっかないおばあさんでした」（小松政光）。

　出入りする学会員に対して荒い言動を続けた。しかし、礼《れい》を失《しっ》さない池田には「私は学会は嫌いだが、あんたのことは大好きだ」と言った。「だけど一つだけ気に入らない。あんたのその目だ。鋭すぎて、腹の底まで見抜かれているようだ」とも言った。

　一九五五年（昭和三十年）、散々《さんざん》反対したすえに自分の態度が誤っていたと感じたスミは、学会員になることを選び、息子の関太郎、嫁の英子をともなって信濃町の学会本部を訪れる。出迎えた戸田城聖は「親孝行《おやこうこう》な息子を持ったなあ」と相好《そうごう》を崩《くず》した。池田も「おばあちゃん、よかったね！」と声をかけ、自分の襟《えり》に留《と》めていた学会員のバッジを外し、スミの襟元《えりもと》につけた。

＊

　松本フキは神奈川の葉山の実家から、母、兄夫婦、弟二人の五人を国鉄（現・ＪＲ）の国道《こくどう》駅に近い自宅に呼んだ。

　兄嫁の小峰貞子は、新潟の豪農《ごうのう》の家で育ち、葉山の漁師の家に嫁《とつ》いだ。「母は当時、漁師の家であることに引け目を感じていました。そのことを、松本フキさんのお宅で池田先生に率《そっ》直《ちょく》に話したそうです」。貞子の息子である孝男が述懐する。

「先生は『いやあ、漁師でよかったじゃないですか』と。『日蓮大聖人様も、戸田先生も漁師の子ですよ。私も海苔《のり》屋の息子ですよ』とおっしゃって、母はその朗らかな感じに『ぱっと目の前が晴れた』と言っていました」

横浜で開催された創価学会の神奈川本部幹部会に出席した池田。多くの参加者に〝仏法を究明し、実践し、社会に貢献していく人生ほど、有意義な人生は断じてない〟と訴えた（1963年6月）©Seikyo Shimbun

池田は「あなたには、三浦半島に仏法を広める使命があるんですよ」と語り、貞子は素直に「わかりました」と答えた。

急な展開に目を丸くしたのは、貞子たちを呼んだフキである。話が決まってから、思わず貞子に「あなた、何がわかったの？」と尋ねた。

貞子は「何もわからない」と答えた。そして「何にもわからないけどもね、あの大きな目で、じーっと命の底まで見透《みす》かされるようにして、使命があるんですよって言われたら、『はい』って言っちゃった。池田さんはとても二十二歳とは思えない」と続けた。

小峰貞子は一九五〇年（昭和二十五年）の六月、創価学会に入り、三浦半島の草分《くさわ》けとして弘教《ぐきょう》に歩き始める。

「葉山から鶴見まで、母たちは貧しい家計をやりくりして一大決心で行ったと思います。二十二歳の池田先生は、あの昭和二十五年の最も大変な時に、わが家の悩みをしっかり受け止めてくださった。その後、松本フキさんのきょうだいも七人、信心を始めました」（小峰孝男）

本間久子も、こうした鶴見の拡大の渦《うず》の中にいた一人である。時が経ち、六十七歳の時に脳《のう》梗塞《こうそく》を起こし、右半身が動かなくなった。

「……病気に負けずに頑張りますと、先生にご報告をしたところ、先生からは力強い激励とともに、懐中《かいちゅう》電灯と笛《ふえ》を頂戴《ちょうだい》しました」（本間久子の回想）

なぜ、懐中電灯と笛なのか。久子は不思議に思った。ある日、お題目をあげていてハッと気がつきました。懐中電灯と笛。それは〝もう一度、広布《こうふ》の庭で戦えるように。夜道でも懐中電灯で足元を照らせるように。危険な時は笛で誰かに助けを呼べるように〟という意味だ。〝早く元気になれ〟と、先生が毎日励ましてくださっているんだ、と」。

病院のベッドの上で久子は、鶴見支部の時代に座談会へ、折伏へと歩き回った日々を思い起こし、涙をこぼした。やがて娘の岡本美千子に付き添われ、会合などに元気に足を運べるようになった。

「人間のため」か「権力のため」か

〈……（池田）会長にお会いして歓喜した人たちが核となって、親戚を呼んで会長に会っていただき、川崎、湘南はもとより、群馬、長野、静岡、青森にまで伸びていき、ついに（昭和二十六年四月二十日、聖教《せいきょう》新聞第一号の「聖火《せいか》鶴見に炎上」という記事となったのです〉（松本フキの手記）

――その聖教新聞創刊号の記事には、鶴見の女性たちが弘教に歩き、目覚ましい活躍を果たす様子が紹介されている。記事の中に池田の存在は一行も出てこない。しかし、鶴見支部をつくりあげた人々は、誰が自分たちに生きる希望を運んでくれたのかを知っていた。

〈これが、決定されていた、師弟の縁か〉と池田が綴った苦しい時代――松本フキが最も心を打たれた瞬間がある。

〈……ある日、池田会長は私たちにこんなことを話されたのです。「毎晩、変な夢をみて寝汗《ねあせ》をびっしょりかく。昨夜は腕時計の中身を地面にばらまいて、それをピンセットで一つ一つ一生懸命《けんめい》に拾っている夢なんだ。目が覚めたら、びっしょりの汗さ」〉

数日後、フキは戸田城聖の御書講義に参加した。

講義の途中、戸田は「夢」の話をした。「夢というのは不思議なもので、私の息子がね、夜になると時計を地面にばらまいて、汗をかきかき、それを拾っている夢を見る、と言うんだ。疲れているとそんな夢を見る……」。

それは、フキが数日前に池田から聞いた、そのままの内容だった。

――池田は苦しい夢の話を戸田にも伝えていた。戸田はその話を〝わが子〟のこととして、会合で話したのだ。

戸田の講義を聞いていたフキは〈電撃《でんげき》に全身を貫かれて、息も止まるような思いでした〉と書き残している。「……私は当時、戸田先生のことをあまり存じ上げていなかった。その戸田先生が、愛《いと》おしむように『私の息子がね』って言われた時、何とも言えない感動で、お二人が太い絆《きずな》で結ばれているんだなってことを、しみじみ感じたんですね」（松本フキの回想）。

＊

一九七六年（昭和五十一年）の晩秋。池田が都内で高校生たちと懇談している最中《さなか》、一つの訃報《ふほう》が届いた（十一月二十七日）。池田はその婦人のことを、目の前の子どもたちに語った。

「私のよく知っている人が亡くなった。鶴見の草創期を戦った人です」「戸田先生を守り、学会を守り、食べるものも満足に食べずに、折伏、折伏で戦い抜いた、大変な功労者です。何の

第1號 （2）

聖火鶴見に炎上

鶴見支部の活動

「聖教新聞」創刊号（1951年〈昭和26年〉4月20日付）。「聖火鶴見に炎上」の見出しは戸田城聖が自らつけた
©Seikyo Shimbun

社会的な地位もない、一庶民です」「こういう人に最大に報《むく》いてあげたいんだ。同じような人は数多くいる」

池田の話はそこから「宗教」と「人間」と「権力」の関係に及んだ。

「……人間のための宗教であることを教えてくれたのが牧口、戸田先生なのです。権威のための宗教か。人間のための宗教か。どちらが正しい宗教なのか。

権力のためではいけない。権力のための宗教は簡単だ。そうではなく、（宗教を）民衆のためにしたのが牧口、戸田先生なのです」

聖教新聞に「聖火鶴見に炎上」という記事が載《の》った後も、池田は鶴見に通い続けた。戸田城聖が新たに取り組み始めた、教学の「地区講義」。池田はその講師として、鶴見の市場《いちば》地区を担当した。

第2章

「人の何倍も苦労せよ」――鶴見支部②

東京の市ケ谷《いちがや》。創価学会分室で、戸田城聖《じょうせい》の御書《ごしょ》講義が行われていた。

講義を受けているのは、若き日の池田大作である。

二十三歳の池田は、戸田から学んだ日蓮仏法の哲理《てつり》を、

最前線の人々に伝えていった。

神奈川の鶴見。

埼玉の川越。

「地区講義」が幕を開ける――。

〈……明日、住む家が競売《きょうばい》に付《ふ》されるという苦悩《くのう》の人。借金をかかえたうえに、夫が胃癌《いがん》になり、一家心中《しんじゅう》に追い詰《つ》められた妻。父母の離婚《りこん》に小さい胸を痛める娘たち……。戸田は、それらを一身に背負《せお》ったように、わが事《こと》として指導した。彼の背負ったものは重かった。地球の重さとさえ、思われる時もあった〉（小説『人間革命』第二版、第七巻「匆匆《そうそう》の間《かん》」の章）

「大悪《だいあく》は、大善《だいぜん》の瑞相《ずいそう》なり」

昭和二十年代後半――東京の市ケ谷《いちがや》駅に近い、お堀《ほり》ばたのビルの一室で、戸田城聖《じょうせい》（創価学会第二代会長）は学会員の悩みを聞き続けた。

「市ケ谷に学会の分室があり、行けば、どんな悩みでも戸田先生に直接相談できました。少し

横浜・三ツ沢の競技場で開かれた「若人の祭典」に戸田とともに参加した池田。この日の閉会式で戸田は画期的な「原水爆禁止宣言」を発表した（1957年9月8日）©Seikyo Shimbun

でも遅くなると混んでしまいます。早く家を出て、一番乗りしたことがありました」

その日、伏木芳子は神奈川の鶴《つる》見《み》からやってきた。まだ相談者は誰《だれ》もいないが、部屋にはすでに二人の男性が座っていた。戸田城聖と池田大作だった。張りつめた緊《きん》張感《ちょうかん》に芳子は「びっくりして足がすくんだ」という。

「分室では、戸田先生と池田先生が向き合って御書《ごしょ》（日蓮《にちれん》の遺文《いぶん》集《しゅう》）の勉強をされていました」

思いがけない光景だった。静かに二人のやりとりを見つめた。

「……池田先生が御書を二、三行読まれて、戸田先生が『そこまで』と言われます。池田先生が、その御書を解釈《かいしゃく》していかれます。

すると戸田先生が『そうだな。そこは、こうじゃないか』と直される。すると池田先生は、戸田先生が言ったとおりのことを、ご自分で復唱《ふくしょう》されるのです。

そして戸田先生が『次』と言われて、また池田先生が三行くらい読まれる……厳粛《げんしゅく》でした。その雰囲気《ふんいき》を言葉で言い表すことはできません。あとになってわかりました。あれも〝戸田大学〟の一環《いっかん》だったのでしょう。

鶴見の『地区講義』で池田先生の講義を受けるたびに、あの時のお二人の姿を思い出しました。

私が垣間《かいま》見たあの訓練が、昭和二十五年から三十三年まで続けられていたことを知ったのは、のちに小説『人間革命』を読んでからです」（伏木芳子の回想）

「〝戸田大学〟での薫陶《くんとう》ありて、今の私がある」

〝戸田大学〟——一九五〇年（昭和二十五年）から、戸田がこの世を去るまでの間、池田にさまざまな学問を教えた個人教授である。
池田は戸田の事業難《じぎょうなん》を支え続けた。そして戸田に請《こ》われ、今まで通っていた夜学《やがく》の卒業を

戸田大学で使用した教材。当時の最新の著作も含まれていた。戸田は池田らに「君たちは、全部、頭の中に入れておけ」と語り、メモを取ることは禁じた。『地球と天体』（F・S・テーラー著）を通した講義では、「この大宇宙には、地球と同じような惑星が、いくつもある。仏法で説く『他方の国土』とは、そういう所をいうのである」と述べるなど、戸田は教学を根幹に、自在に学問を論じた
©Seikyo Shimbun

断念《だんねん》している。

戸田の会社が業務《ぎょうむ》停止《ていし》に追い込まれたのは五〇年の八月二十三日。その直前の池田の日記から（『池田大作全集』第三十六巻）。

〈先生の事業、非常に、苦境《くきょう》の模様《もよう》。内外共《ないがいとも》に、その兆候《ちょうこう》あり。／……学会も、事業も、真っ先に、責任もって、起《た》ちゆける者は、一体誰だろう〉（七月十六日、曇）

〈会社、事業、非常に苦しいらしい。先生のお弱りの様子、目が痛い程《ほど》。／……大悪《だいあく》は、大善《だいぜん》の瑞相《ずいそう》なり〉（七月二十日、曇）

〈残暑《ざんしょ》、厳しい一日であった。／……夜、「観心本尊抄《かんじんのほんぞんしょう》」の読み合わせ。／いかに、事業難とはいえ、信心と教

学だけは、忘れてはならぬ。／十二時、帰宅。月光輝《かがや》く夜道を、一人歩む。思うこと多し〉（八月十九日、晴）

のちに池田は、この時期の意味について記《しる》している。

〈……八月二十三日に始まった戸田の事業の緊急事態《きんきゅうじたい》は、さまざまな人びとに、実に、いろいろな反応を引き起こしていた。

戸田に反逆《はんぎゃく》したり、離反《りはん》したりする者もいれば、遠くで心を痛めている者もいた。また、不即不離《ふそくふり》の位置を保《たも》とうとする者があれば、批判することによって賢《さか》しらな顔をする者もあった。あるいは、野心の炎を燃やす者もいたし、落胆《らくたん》して考え込む者や、信心がいやになった者もいた。こうして、普段《ふだん》は全《まった》く隠《かく》れていた人間模様が、いやでも鮮明《せんめい》に浮かび上がってしまった。

その反応はすべて、それぞれの信心の厚薄《こうはく》と真贋《しんがん》とを、余《あま》すところなく語っていたともいえるであろう。信心は縁《えん》に触《ふ》れて、正直に、そのまま形となって現れざるを得ないからである。もちろん、戸田の再起《さいき》の速《すみ》やかならんことを願う人も数多くいたが、一切をなげうって献身《けんしん》する人は、幾人《いくにん》もいなかった〉（小説『人間革命』第二版、第四巻「秋霜《しゅうそう》」の章）

この年の大晦日《おおみそか》。池田の日記には〈来年は、夜学に再び行きたい。来年は、思うように勉強したい。来年の、自分の運命は、どう動くか、考えられぬ〉と綴《つづ》られている。

＊

学校に通いたいという切《せつ》なる願いは叶《かな》わなかった。しかし池田は、二十二歳からの数年間、学校では決して得ることのできないものを得ていった。

「……私は大学に行きたかった。そのつもりで準備も進めていた。しかし、（戸田）先生から、学校をやめ、挫折《ざせつ》した事業を支え、働いてほしいと言われたのである。

当時、戸田先生の事業は、借金だらけ。社員も皆、やめてしまい、事実上、私一人が残った。

『君には、本当にすまないが、夜学のほうも断念してもらえぬか』——戸田先生の言葉に、私は即座《そくざ》にお答えした。『わかりました』と。

……先生は『苦労をかけさせて悪いな。君の予定を、私が台無《だいな》しにしてしまったな』と涙《なみだ》ぐんでおられた。そして、その代わりにと言われながら、日曜日をはじめ毎朝、先生みずから諸《しょ》学問《がくもん》を教えてくださったのである。それが全部、私の身についている。いかなる大学も及《およ》ばぬ最高の個人大学であった」（一九九三年の池田のスピーチ、前掲全集第八十二巻）

「……それはそれは厳しい〝訓練〟であり、教育であった。先生は『戸田大学』と言われていた。二人きりの大学であった」（一九九七年のスピーチ、同第八十七巻）

「政治、経済、法律、漢文、化学、物理学——戸田先生の博識《はくしき》は、万般《ばんぱん》にわたっていた。

その後、日曜だけでは時間が足りなくなり、数年間にわたり、会社の始業前の時間を講義にあててくださった。まさに全精魂《ぜんせいこん》をこめての授業であった。私も全身でお受けした。この〝戸田大学〟での薫陶《くんとう》ありて、今の私がある」（二〇〇四年のスピーチ、同第九十六巻）

「……私は毎朝のように、『戸田大学』で勉強した。講義が一段落《いちだんらく》して、先生が、こう言われることがあった。

『今度はお前が私に教えろ。若いんだから、いろいろ吸収《きゅうしゅう》して、それを私に教えてくれ』

私はよく先生とともに旅をした。飛行機の中でも、電車の中でも、次々と質問が飛んできた。先生は、そうして私を鍛《きた》えてくださったのである」（同）

この、戸田による〝最高の個人大学〟の根本には、日蓮が綴り残した「御書」があった。戸田は仏法を根本に据《す》えて、諸《もろもろ》の学問を池田に講義した。また戸田は、御書そのものも徹底して教え込んだ。

池田に対する薫陶の果実《かじつ》は、戸田が第二代会長に就任した一九五一年（昭和二十六年）から、池田による「地区講義」というかたちで本格的に、一人ひとりの学会員のもとに届き始める。

そのおもな舞台は、神奈川の鶴見、そして埼玉の川越だった。

「牢《ろう》での体験を伝えなければ」

池田の孤軍奮闘《こぐんふんとう》に支えられた戸田城聖は、創価学会の第二代会長になり、新しい布陣《ふじん》をつくっていく。

創価学会の総務として御書講義に臨む池田（1959年8月）。当時、池田は〝御書は、仏道修行のうえに、絶対の経文である。御書がなく、教学を忘れて創価学会はありえない。御書を離れては学会の指導者とはいえないのである〟〝教学の腹構（はらがま）えとして、御書を身口意（しんくい）の三業（さんごう）で読もう、体験で読もうということが大事だ〟と綴っている ©Seikyo Shimbun

会長就任の二週間前には「聖教《せいきょう》新聞」を創刊。最初は旬刊《じゅんかん》（十日に一回の発刊）だった。「男子部」と「女子部」に部隊制《ぶたいせい》が整えられた。これらと同時進行で『折伏教典《しゃくぶくきょうてん》』が編《あ》まれ、翌年四月には創価学会版の『御書全集』が完成する。

それまでは既存《きそん》の遺文集を使うしかなく、神田神保《じんぼう》町《ちょう》の古本屋で二〇〇円ほどだったものが二〇〇〇円を超えるまで跳《は》ね上がっていた。

〈……御書の発刊にしろ、『折伏教典』の刊行にしろ、学会出版活動の重要性が認識されて実践《じっせん》に移されたのは、この時期であった。

広宣流布《こうせんるふ》の活動は、言論戦であるといってよい。そのことを考える時、この一九五一年（昭和二十六年）秋の出版活動の開始は、永久に記憶されてよい。まして、乏《とぼ》しい財政《ざいせい》のなかの活動であったことを思う時、先駆者《せんくしゃ》の労苦《ろうく》を偲《しの》ぶことができる〉（小説『人間革命』第二版、第五巻「前三後一《ぜんさんごいち》」の章）

戸田が打った手はすべて、会長就任に際《さい》して宣言した「七十五万世帯」達成のためだった。

〈彼の発想は、すべて、ここから出発していたのであったが、なすべき基礎固《きそがた》めが、今は、あまりにも多すぎた〉（同）。

その「基礎固め」に、決して欠かすことのできない一つが「教学」だった。

*

鶴見の伏木芳子は池田から「戦時中《せんじちゅう》、多くの学会幹部が牢《ろう》に入ったけれども、全部退転《たいてん》してしまった。それは教学がなかったからです」と教わったことがある。

この軍部政府による弾圧《だんあつ》の痛みを、誰よりも感じ、苦汁《くじゅう》を飲まされたのが戸田自身だった。

柏原ヤスは敗戦後、戸田のもとで学会の再建《さいけん》に動いた一人である。五〇年（同二十五年）ごろ、事業難に直面した戸田が「今まで牢に入り、いろいろな体験を通して、自分以外に教学を本当に理解している者はない。これを伝えておかなければならないから、お前たちは時間を惜《お》しんで、私の覚えていることを、早く身につけておかなければいけない」と、いつにもまして

東京・豊島で笑みを浮かべて御書を講義する戸田。「私の胸には御書を拝読するたびに、真夏の昼の太陽のごとき赫々（かっかく）たるお心がつきさされてくるのである。熱鉄の巨大なる鉄丸が胸いっぱいに押しつめられた感じであり、ときには、熱湯のふき上がる思いをなし、大瀑布（だいばくふ）が地をもゆるがして、自分の身の上にふりそそがれる思いもするのである」と、戸田は御書に触れる感動を書き残している ©Seikyo Shimbun

真剣に語ったことを述懐《じゅっかい》している。

そのための取り組みの一つが、青年部の代表に対する御書講義だった。五〇年（同二十五年）の秋から、新宿・百人町《ひゃくにんちょう》の事務所などで行われた（単行本『民衆こそ王者』第十七巻で詳述）。

〈……ほぼ毎週の会合である。当時の、彼（戸田）の一身は、いつ、どこで、どうなるかわからない状態であったのだ。心身《しんしん》ともに疲労困憊《ひろうこんぱい》の極《きょく》に達していたが、この訓練の会合だけは、決して怠《おこた》らなかった〉（小説『人間革命』第二版、第五巻「随喜」の章）

戸田は御書から「四信五品抄《ししんごほんしょう》」や「諸法実相抄《しょほうじっそうしょう》」「三大秘法抄《さんだいひほうしょう》（三大秘法禀承事《ほんしょうじ》）」「佐渡《さど》御書」「波木井《はきい》三郎殿御返事」などを選び、池田たちに講義を重ねた。

〈……これは、後に結成される、男子部の水滸会《すいこかい》の先駆《さきが》けともいうべき会合であったが、戸田の身の安危《あんき》の定まらぬ時期であっただけに、すさまじい勢いであった〉（同「烈日《れつじつ》」の章）

＊

五〇年から五一年にかけての池田の日記には、青年部の代表への講義などの一端《いったん》が記されている。

〈午後六時三十分、先生宅にて、講義拝聴《はいちょう》。／「草木《そうもく》成仏《じょうぶつ》口決《くけつ》」及び「一生成仏抄《いっしょうじょうぶつしょう》」。／先生の、次期の学会指導者の養成《ようせい》に、自覚、更《さら》に新たなり。／出席者、K女史ほか数名。／夜食を御馳走《ごちそう》になり、帰宅、十時三十分〉（一九五〇年十一月十九日、雷雨）

〈午後より、先生宅にお邪魔《じゃま》する。／「生死一大事血脈抄《しょうじいちだいじけつみゃくしょう》」の講義をして下さる。／夜遅くまで、種々指導賜《たまわ》る。／自分で、先生の指導が、わかったつもりで、なかなかわからぬ、無能《むのう》を悔《くや》しがる〉（同十二月十日、快晴）

年が明けて一月十四日は、戸田宅で「松野殿御返事」の講義。二月五日、十一日、十八日、三月五日は、いずれも「総勘文抄《そうかんもんしょう》（三世《さんぜ》諸仏総勘文教相廃立《きょうそうはいりゅう》）」の講義だった。

〈講義後、先生より、種々叱責《しっせき》あり〉（一九五一年二月五日、快晴）

〈実力が欲しい。力《ちから》が欲しい。頭脳明晰《めいせき》になりたい〉（同二月十八日、晴）

二月八日は青年部十四人に「三大秘法禀承事」の講義。小説『永遠の都《みやこ》』の感想発表も行われた。

その二週間後。〈新宿、先生の社にて、青年部会。／集合、十四名。「諸法実相抄」の講義〉（同二月二十二日、小雨）。

さらに翌日。〈夕刻、どしゃぶりの中を、先生宅にゆく。講義なし。永遠の生命について、宿題あり。全く困る、難しくて〉（同二月二十三日、雨）。

戸田の会長就任が近づいても、講義のペースは緩《ゆる》まなかった。

〈……仕度《したく》し、先生宅に。／「諫暁《かんぎょう》八幡抄《はちまんしょう》」中程《なかほど》まで講義進む。なかなか頭に刻《きざ》み込めず、残念でならず。勉強だ、勉強だ〉（同三月十八日、晴）

〈先生宅。「諫暁八幡抄」の講義完了す。／種々指導あり〉（同三月二十五日、曇）

〈六時三十分、小岩にて、先生の「四信五品抄」の講義。青年部有志、十四名の会合なり〉（同四月十日、曇）

会長就任から十日後の日曜日。

〈夜、先生宅にて「当体《とうたい》義抄文段《ぎしょうもんだん》」開始。全く難しきなり〉（同五月十三日、晴）

「家庭のなかに、生活のなかに教学がある」

先の見えない、最も苦しい時期に、戸田が「伝えておかなければならない」と吐露《とろ》したもの――その核心にあったのは、のちに「獄中《ごくちゅう》の悟達《ごだつ》」と呼ばれるようになる二つの悟達――「生命論」であり、「地涌《じゆ》の菩薩《ぼさつ》」の自覚だった。

治安《ちあん》維持《いじ》法《ほう》違反《いはん》と不敬罪《ふけいざい》の容疑《ようぎ》で獄につながれた戸田は、独房《どくぼう》で「無量義経《むりょうぎきょう》」や「法華経《ほけきょう》」を繰り返し読んだ。その時の不思議な体験については、池田の小説『人間革命』第四巻「生命の庭」の章にくわしく描《えが》かれている。

――一九四四年（昭和十九年）のある日、戸田は巣鴨《すがも》の東京拘置所《こうちしょ》の独房で、「仏」とは「生命」なのだ、と気づく。池田はこの瞬間を「仏法が、二十世紀に蘇《よみがえ》った瞬間です」と語っている（普及版『法華経の智慧《ちえ》』〔上〕三十四ページ）。

「仏とは、生命なんだ！」

「仏とは、生命の表現なんだ！

外にあるものではなく、自分の命にあるものだ！

いや、外にもある！　それは宇宙生命の一実体《いちじったい》なんだ！」

（『戸田城聖全集』第八巻）

牛乳瓶の蓋（ふた）で作った念珠（ねんじゅ）と、唱題表（しょうだいひょう）にした石盤（せきばん）と石筆（せきひつ）。戸田が獄中で使用した ©Seikyo Shimbun

この真実を、不自由な牢獄《ろうごく》で、わが身で知った驚きを、溢《あふ》れ出る喜びを、一体どうすれば万人《ばんにん》に伝えられるのか。ここに戸田の後半生《こうはんせい》の原点があった。戸田はある人にこう話している。

「広いところで、大の字に寝《ね》そべって、大空を見ているようなものだ。そして、ほしいものがあれば、すぐに出てくる。人にあげてもあげても出てくるんだ。尽きることがない。君たちも、こういう境涯《きょうがい》になれ。なりたかったら、法華経のため、広宣流布のため、ちょっぴり牢屋《ろうや》に入ってみろ」

「今は時代が違うから牢屋に入らなくてもいいが、広布のために骨身《ほねみ》を惜《お》しまず戦うことだ」（普及版『法華経の智慧』〈上〉三十八ページ）

池田は、この「仏とは生命なり」という戸田の悟達を「現代人にも分かる、平易《へいい》で生きた言葉。しかも、深遠《しんえん》な仏法の真髄《しんずい》を表現し切った『一句万了《いっくばんりょう》』（一句にすべてがおさまった）の一言です」（同三十六ページ）と語る。

そして、三つの特徴——「具体性《ぐたいせい》」「多様《たよう》性」「開放《かいほう》性」——を指摘した（同三十六—三十七ページ）。

——「生命」は、現《げん》に万人にそなわっている。だから万人が実感できる具体性がある。その意味でも、戸田先生の悟達は仏法を万人のものにした。

——また「生命」には多様性がある。豊かさ、闊達《かったつ》さがある。それでいて、法則的であり、一定のリズムがある。この「多様性の調和」を教えたのが一念三千《いちねんさんぜん》です。その一念三千を体得《たいとく》したのが仏だ。

——しかも「生命」には開放性がある。外界《がいかい》と交流し、物質やエネルギーや情報をたえず交換する開かれた存在である。それでいながら、自律《じりつ》性を保《たも》っているのが生命です。宇宙全体に開かれた開放性、そして調和ある自由、これが生命の特徴である。

――「仏」の広大無辺の境涯とは、生命のこの自由、開放、調和を、最大限に実現した境涯だとも言える――

＊

戸田は「生命」という〝誰でも知っている言葉〟〝生きている言葉〟で日蓮の仏法を解《と》き明かした。

「学会は、生命論に始まり、生命論に終わると言ってよい。『仏とは生命なり』――戸田先生の悟達に、創価学会の原点があったのです」（同四十㌻）

「『生命は万人にある』『生命は尊《とうと》い』。これは、だれ人も否定できません。『仏とは生命なり』との宣言は、何より、仏法の真髄は『自分自身』にこそあることを、はっきりさせたのではないだろうか」（同四十一㌻）

ある夏の婦人部の会合で、池田は教学について「毎日の積み重ねがもっとも大切である」と訴《うった》えている（一九七二年の夏季講習会）。

「……毎日はできない場合もあるが、積み重ねを持続していくことである。勉強したことを忘れてもいい。それは少しでも覚えてくれれば一番いいけれども、無理だもの。（笑い）

そうであっても、いったん広宣流布のために、仏法流布のために、自分自身のために学んだことは必ずいつのまにか血肉になっていく。そして、それはやがて皆さんにとっていろいろな意味で、かけがえのない宝となっていくことだけは間違いない」

「むしろ、よし、明日から御書一ページなどと、身構《みがま》えるということではなく、教学に取り組んでいくことが、あたかも空気を吸うがごとく、それがごく自然の、欠《か》くことのできない雰囲気になっていけばいいのである。

空気を吸い、御飯《ごはん》を食べるような気持ちで、ちょっと時間があったら御書をひらこう、三行でも五行でも読もう、これでいいと思うのである」

戸田の薫陶を受けた池田は、「家庭のなかに、生活のなかに教学がある」（同）という、これまでにない民衆運動を日本にとどまらず、国境を越えて広げてきた。

その実質的なスタートが、二十三歳で臨《のぞ》んだ「地区講義」だった。

最初から、惜《お》しみなく

会長に就《つ》いた戸田城聖は、創価学会の教学を五段階に整備した。初歩の「一級」から始まり、最難関《さいなんかん》の「五級」に至る。

まず「一級」の講義は毎週水曜、学会本部で戸田城聖が自《みずか》ら担当した。教材は「法華経」である。

その特徴は〈新入会者を対象として、最初から彼の原点を惜《お》しみなく与えようとした〉とこ

婦人部の会合に出席した池田。〝御書の一編を読む。聖教新聞に連載されている「きょうの発心」を毎日勉強していく。大白蓮華に掲載された教学の教材を学ぶ。そのような毎日の積み重ねがもっとも大切である〟と語った（1972年8月、静岡・富士宮市）©Seikyo Shimbun

ろにあった（小説『人間革命』第七巻「原点」の章）。

「最も高き思想のものに、最初から深く入れ」という信条を、まず自ら実行した。

〈……一見、経典《きょうてん》の講義は難解《なんかい》であり、初信者《しょしんしゃ》には無謀《むぼう》とさえ思われるが、彼は、あえて、これを行《おこな》ったのである〉（同）

〈……彼は、獄中で体得した原点を、つまり南無妙法蓮華経《なんみょうほうれんげきょう》を根本にして法華経を身で読んだ原点を、一瞬も忘れることはできなかった。

彼の独創性《どくそうせい》は、この原点の独創性にあったといってよい。それがまた、そのまま救世《きゅうせい》の原理となっていたのである〉（同）

「二級」は『折伏教典』を教材に、支部長たちが講師を務《つと》めた。

そして「三級A」「三級B」、さらに戸田

が担当して日寛《にちかん》の「六巻抄《ろっかんしょう》」を学ぶ「四級」、日寛の文段《もんだん》を学ぶ「五級」と続く。

池田が担当した「地区講義」は「三級A」にあたる。ここで五十篇以上の御書講義を受けた人が、「三級B」で五大部（立正安国論、開目抄、観心本尊抄《かんじんのほんぞんしょう》、報恩抄、撰時抄《せんじしょう》）に臨んだ。

＊

これらの体制が発表された日の「聖教新聞」で、戸田は〝教学に偏《かたよ》るな〟とも論じた。

〈……彼（戸田）が執筆した、一九五一年（昭和二十六年）九月一日付「聖教新聞」の「寸《すん》鉄《てつ》」欄《らん》では、さまざまな教学部員を風刺《ふうし》して警告《けいこく》している。

「一、御書を読めない信者が多い。教学の衰《おとろ》えていることがわかる。広宣流布どころの騒ぎじゃないぞ。気をつけろ。

二、御書を読める者もいる。そして大聖人《だいしょうにん》の口まねだけしている。かかる者を桜夢居士《おうむこじ》と名づけ奉《たてまつ》る。

三、小説を読むひまがあっても、御書を読まん。こんなのは阿羅漢《あらかん》の弟で、陀羅漢《だらかん》というんだ。

四、若い者で、御書を知ったかぶりしている者がいる。こんなのは釈迦《しゃか》の孫で悉多羅振太子《しったらぶりたいし》と名づけ奉る。

五、御書を読まないのを自慢の奥様がいる。こんなのは世迷夫人《よまよいふじん》という。」

その後の創価学会の、教学に対する基本的姿勢は、このころから確立されたといってよい〉

（前掲『人間革命』第二版、第五巻「前三後一」の章）

「地区講義」について、池田は戸田から、住んでいる東京ではなく、神奈川と埼玉を任《まか》される。とくに川越には「一番遠いところへ行ってこい」と送り出された。

「今でこそ埼玉は東京から近いが、当時は交通の便が悪く、とても遠かった。指導者は、人の何倍も苦労せよ――戸田先生の厳愛《げんあい》であった」（二〇〇五年の池田のスピーチ、『池田大作全集』第九十九巻）

池田は毎月、京浜《けいひん》急行線で鶴見へ、東武東上線《とうじょうせん》で川越へ通った。鶴見の拠点は、鶴見市場《いちば》駅の線路際《ぎわ》にあった。それは戸田城聖が〝世界一の忘れ者〟を引き合いに出して、励まし続けた壮年の家だった。

*

佐々木庄作は、天井の低い木造の二軒長屋《にけんながや》に住んでいた。のちに鶴見支部の支部長を務める。

〈……薄暗《うすぐら》い六畳間《ろくじょうま》と三畳間が、当時はかけがえのない座談会場であった。私も、座談会に、御書講義に、よく通ったものである。

……戸田先生にとっても、学会にとっても、再建の見通しすら立たず、世間の目も厳しい秋《しゅう》霜《そう》の時であった〉（池田のエッセー『忘れ得ぬ同志』2）

庄作は日本の敗戦から四年後に創価学会に入った。埼玉の農家で七人きょうだいの末っ子として生まれた。熟練《じゅくれん》のプレス工員だったが、独立。〈三坪余《つぼあま》りのバラック建て工場に、動力もなく、機械らしい物もない〉（佐々木庄作の手記）という小さな城を構えていた。

〈長いプレス工員としての苦闘を、彼の右手が物語っていた。機械で小指、薬指、中指と切断し、右手は親指と人さし指の二本しかなかった〉（前掲『忘れ得ぬ同志』２）

小さな町工場の社長として、詐欺《さぎ》にあい、不渡手形《ふわたりてがた》をつかまされたこともあった。そのたびに励ましてくれたのは鶴見の学会員だった。ある日、〈何気《なにげ》なしにふと手をつけた〉のが石油コンロの製造《せいぞう》だった。差し押さえや競売《きょうばい》、破産《はさん》などの危機を乗り越えて、「佐々木工業」が手がけた「ＳＫコンロ」の評判は高まり、全国三百数十件と契約《けいやく》を結ぶようになる。

〈私は弱虫で、お人好《ひとよ》しで、酒ばかり好きで、喧嘩《けんか》好きな、自分でも困った男でした。教育もないし、頭は悪いし、その自分がこうした難関を乗り越えてこられた……（創価学会で）財産より、地位より、大切なものがあると教えられています〉と綴り残した。

自分で班を育てよ
自分で地区を築け

〈……つねに青年たちに〝自分で折伏し、組を作り、班を育て、地区を築け〟と叱咤激励《しったげきれい》し、その先頭に立った。

……北は北海道の室蘭《むろらん》や盛岡、会津若松、日立、南は宇部《うべ》や徳山、岩国、和歌山、舞鶴《まいづる》など

創価学会の第３代会長辞任の直後、神奈川文化会館で行われた教学試験の会場を訪れ、受験者を激励する池田（1979年6月）©Seikyo Shimbun

に支部の拠点ができ……生一本《きいっぽん》で、口調は荒いが、ただただ支部員を思いやる〉（前掲『忘れ得ぬ同志』2）――そんな佐々木庄作の家に、毎月一回、夜の七時ごろになると三々五々、人が集まってきた。

一九五一年（昭和二十六年）九月七日、最初の地区講義で池田が取り上げた御書は、「治病《じびょう》大小権実《ごんじつ》違目《いもく》」（九九五㌻、新一三二九㌻）や「妙一尼《みょういちあま》御前《ごぜん》御返事」（一二五五㌻、新一六九七㌻）だった。

庄作の妻である志《し》づ江《え》は、自宅を訪れた池田が、子どもに細かく気を配ってくれたことを晩年まで覚えていた。

「うちに小学校へ上がる前の女の子がいました。あるとき、その子に『おみやげだよ。本を読みなさいよ』と、付録《ふろく》のついた少女雑誌を買ってきてくださいました。

そして、親の私には『子どもに本を読ませなさい』とおっしゃいました」（佐々木志づ江の回想）

当時は貴重だったキャラメルがおみやげの時もあった。

〈学歴《がくれき》もなく、教学も苦手な佐々木さんであった。しかし、戸田先生は、彼をこよなく愛し、いくたびか手紙をさしあげ、激励された〉（前掲『忘れ得ぬ同志』2）

そのなかでも〈なかんずく「修利槃特《すりはんどく》」の例を引かれた、長文の手紙〉が、当時の人々の印象に残っている。

――修利槃特の例。それは「仏道修行《ぶつどうしゅぎょう》において、何が最も大切なのか」を物語る仏教説話《せつわ》である。

*

戸田は「釈尊《しゃくそん》の弟子で、修利・槃特といって二人兄弟であったが、名前を忘れてしまって、どっちかの名前を呼ぶと、二人で返事する。自分の名前を忘れるのだから、忘れる方の豪傑《ごうけつ》です。だがお釈迦《しゃか》さんのいうことだけは信じて、仏になったのです」（『戸田城聖全集』第七巻）と語っている。

庄作の〈財産より、地位より、大切なものがある〉という実感は、戸田城聖から教わった、この説話に支えられていた。

「皆さまもご存じの修利槃特――彼は、もの覚えが悪いことで有名であった。自分の名前さえ忘れてしまうほどで、御書にも『閻浮《えんぶ》第一の好《よ》く忘《わす》るる者』（忘持経事《ぼうじきょうじ》、九七六㌻、新一三一八㌻）——世界一の忘れん坊《ぼう》——と仰《おお》せである」（一九九四年の池田のスピーチ、『池田大作全集』第八十四巻）

日蓮は、この修利槃特の話は決して〝過去の誰かの話〟ではない、〝今の私たちの話〟だと重《おも》んじている。

〈すりはんどく《須利槃特》は、三箇年《かねん》に十四字を暗《そら》にせざりしかども、仏に成りぬ。提婆《だいば》は、六万蔵《ろくまんぞう》を暗《そら》にして無間《むけん》に堕《お》ちぬ。これひとえに末代《まつだい》の今の世を表《ひょう》するなり。あえて人の上と思《おぼ》しめすべからず〉

——修利槃特は三年かかっても、十四文字すら暗唱できなかったけれども、仏になった。提《だい》婆達多《ばだった》は、六万蔵（という膨大《ぼうだい》な経典）を暗記したけれども、無間地獄《むけんじごく》に堕《お》ちた。このことは、ひとえに末法《まっぽう》の今の世のことを表しているのである。決して他人のことと思ってはならない——（三三蔵祈雨事《さんさんぞうきうのこと》、御書一四七二㌻、新一九四五㌻）。

人の「価値」はどこにあるのか。「知識の量」か。「頭の良さ」か。日蓮は、自分の名前すら忘れてしまう修利槃特と、博学《はくがく》だが高慢《こうまん》だった提婆達多とを並べて、門下の信仰を戒《いまし》めた。

池田もまた、何度かこの話を取り上げている。

「……修利槃特は、愚直《ぐちょく》の信心で成仏の境涯を得た。提婆は、仏弟子となりながら、釈尊に師《し》敵対《てきたい》し、地獄へと堕ちている。

仏法の因果律《いんがりつ》は、厳しい。学問を身につけ、優秀であればあるほど、謙虚《けんきょ》な信心が大切であると申し上げておきたい」（一九八六年のスピーチ、『池田大作全集』第六十八巻）

「信仰者としての偉さは、どこにあるか。経歴《けいれき》や肩書《かたがき》、才覚《さいかく》などでは決して判断できない。皆の礎《いしずえ》となって、仏子《ぶっし》のために黙々《もくもく》と頑張《がんば》っている――その『信心』と『人間性』を見のがしてはならない。

その人こそ、だれよりも尊き『成仏の人』である。仏になる方々である。釈尊も、そして大聖人も、まじめな庶民《しょみん》を徹して大切にされ、庶民を守りぬかれた。学会も民衆とともに生き、民衆を何よりも大事にしている。このような気高《けだか》き民衆の世界、真心《まごころ》の世界は二度とできないであろう」（一九九四年のスピーチ、同第八十四巻）

二十三歳の池田は「二度とできないであろう」庶民の世界を支える土台を、鶴見や川越の地でつくりはじめた。

第3章

地区講義の光㊤
――鶴見支部③――

「国民病」といわれた結核《けっかく》が蔓延《まんえん》し、穀物《こくもつ》の値段は急騰《きゅうとう》。焼け跡には無数の「ヤミ市」が立ち並ぶ――まだ敗戦の爪痕《つめあと》も生々しい一九五一年（昭和二十六年）九月、池田大作は神奈川の鶴見で、初の「地区講義」に臨《のぞ》んだ。

「結句《けっく》は、勝負を決せざらん外《ほか》は、この災難《さいなん》止《や》み難《がた》かるべし」（治病《じびょう》大小権《ごん》実違目《じついもく》、御書《ごしょ》九九八ページ、新一三三三ページ）――病《やまい》と闘う人々を励まし、「地涌《じゆ》の菩薩《ぼさつ》」の使命を訴え、宿命転換の炎を灯《とも》していく。

それは、アメリカのサンフランシスコに五十を超える国々の代表が集まり、「対日講和会《たいにちこうわかい》議《ぎ》」が行われている最中《さなか》のことだった。

「六畳《じよう》と三畳の二間《ふたま》だから、そんなにたくさんの人は入らなかった。トタン屋根の小さな家が、地区講義の会場でした」

八木下文男は半年ほど前に創価学会に入ったばかりだった。工場勤《づと》めの二十三歳。鶴見《つるみ》支部の市場《いちば》地区に所属していた。月に一度の「地区講義」のたびに、「いつ御書《ごしよ》（日蓮《にちれん》の遺文集《いぶんしゆう》）を読む順番がくるか、ドキドキしていました」と語る。

「本質は、日本そのものの宿命《しゆくめい》」

「地区講義はまず、達者《たつしや》な人がその日の講義の範囲《はんい》を全部、読むんです。その後、二、三行ず

1950年６月から約３年にわたり激しい攻防が繰り返された朝鮮戦争。戦禍の中、幼い弟を背負い戦車の前を疲れ切った表情で歩く少女（1951年6月）©アフロ

つ区切って、私たち青年部が先生に当てられて順番に読む。そして、その箇所《かしょ》について先生が講義される、という流れです」

――一九五一年（昭和二十六年）九月七日、金曜日の夕刻。池田大作《いけだだいさく》は、鶴見市場駅の改札を出た。拠点の佐々木庄作宅は、京浜《けいひん》急行の線路沿《ぞ》いにあった。

まだ創価学会発行の御書は世に出ていない。機関誌の「大白蓮華《だいびゃくれんげ》」などを手に、時折聞こえる電車の音を耳にしながらの講義だった。

――翌日の九月八日、首相の吉田茂《よしだしげる》が「サンフランシスコ講和条約」に調印《ちょういん》。敗戦国・日本は「占領下《せんりょうか》」から「独立」へ、新しい道を歩み始める。その二カ月前には、一年以上続く「朝鮮戦争《ちょうせんせんそう》」の休戦会談《きゅうせんかいだん》が始まっていた。

戸田城聖《とだじょうせい》が創価学会第二代会長に就《つ》いた

のは、この年の五月である。

〈……このように幾重《いくえ》にも重なった出来事に、戸田は、思いをいたさないわけではなかったが、周囲の人びとには、ほとんど無関心のように見えた。日本の国の本質的なものは、結局、何一つ変化をきたしていないからである。

韓《かん》・朝鮮半島での戦争は、相変わらず続いていたし、日本は、講和条約で、いずれ独立国になることは決まったが、アメリカに、何から何まで依存《いそん》しなければならない独立であった。本質的な変化は、何も認めることはできなかった。

彼は、皮相的《ひそうてき》な現象の数々の変化には、生涯《しょうがい》、ほとんど心を動かすことはなかった。彼が、あくまでも本質的と見たのは、日本そのものの宿命《しゅくめい》の問題であったからである。そして、この問題に関連する民衆の幸・不幸が問題であった。

彼の言う本質的な変革とは、言うまでもなく、まず一国の広宣流布《こうせんるふ》である。この未聞《みもん》の難事《なんじ》業《ぎょう》からするならば、戦争の後始末《あとしまつ》などは、はるかに楽な仕事に思えた。すなわち、彼の志向《しこう》する次元が、人びとと違っていたのだ〉（小説『人間革命』第二版、第五巻「前三後一《ぜんさんごいち》」の章）

敗戦の混乱。朝鮮戦争。講和条約。国のかたちが大きく変わっていくなかで、戸田は「地区講義」などの準備を整《ととの》え、九月から教学運動が本格的に始まった。翌年の完成を目指して、御書も編集が進んでいく。

池田は九月七日の市場地区に続き、二十五日には埼玉の志木《しき》支部「川越《かわごえ》地区」の講義に赴《おもむ》く。

毎月のように鶴見へ、そして川越へ通《かよ》った。

　それからの六年三カ月で、創価学会は「七十五万世帯」に広がる。その大きな原動力の一つが、全国各地で行われるようになった「地区講義」だった。

　戸田は担当の講師たちに「私の代理で行くのだから、そのつもりで講義せよ」と訴《うった》えた。講義の場に集《つど》った人々が共有したものは何だったのか。黎明期《れいめいき》のドラマを追う。

講義のたび毎《ごと》に思う、勉強せねばならぬと。——

「地区講義の日、池田先生はいつも時間より早くお見えになりました」
伏木芳子は市場地区の地区講義で、範囲全体を読む担当になった。「読むことが嫌《きら》い、書くことが苦手だったんですよ」。そう言って笑う。
〈……仏法のブの字もわからなかった、貧乏《びんぼう》と家庭不和《ふわ》で悩んでいる私に生きる力《ちから》を与えてくれたのは、鶴見に通ってこられた池田先生の地区講義でした。この日を楽しみにしていたのは私ひとりではなかった〉（伏木芳子の手記）
　創価学会に入ったのは地区講義がスタートする一年ほど前、蒸《む》し暑《あつ》い夏の日だった。両親が先に入った。芳子は理由もなく反対していたが、半年後、「親孝行になるだろうか」と思い、姉とともに信心を始めた。

　地区講義では、きょうの範囲を、参加者の「心に入る」ように、丁寧《ていねい》に読みあげる。列島の各地で、拝読《はいどく》担当の人たちは先輩から心構えを教わり、読む練習を重ねた。

「……（日蓮）大聖人《だいしょうにん》は『よくわかるように』『心に入るように』と、庶民《しょみん》を抱きかかえられながら、かな文字を使い、わかりやすい言葉で大法を説《と》き、残してくださった」（一九八八年の池田のスピーチ、『池田大作全集』第七十一巻）――そうやって書かれた日蓮の手紙などを読み合い、学び合った。

　毎回、講義が終わっても緊張している芳子に、池田は「きょうはよく読めたね」「とても明るかったよ」と必ず声をかけた。芳子は地区講義に臨《のぞ》んでいる間は〈きのうまでの生活の悩みも苦しみも、少しも気にならない、あっというまに二時間がたってしまう〉ことが不思議だった。

　渡辺ユキ子は地区講義のたびにもらった小さな「修了証書《しゅうりょうしょうしょ》」を、今も大切に持っている。

「先生はいつも一番先に来て、参加者が来るのを待っておられました。声に張《は》りがあってね。体がお悪いなんて、講義の時には一切わかりませんでした」

「私は二十歳ぐらいの時で、なんでも悪いほう、悪いほうに考えるくせがあって、先生から『センチメンタルになっちゃダメだよ』と言われたこともありました」

＊

池田が担当した鶴見支部の市場地区での御書講義で、参加者に渡された「修了證書」©Seikyo Shimbun

池田の地区講義は「聴《き》いている私たちの、腹の底から揺《ゆ》さぶられるような講義だった」（八木下文男）というが、池田の二十代の日記には、御書講義をめぐる苦心《くしん》の跡《あと》が記《しる》されている。

二十五歳――〈地区講義――「四菩薩造立《しぼさつぞうりゅう》抄《しょう》」。／受講者、四十数名。／力《ちから》ある講師でなければ、真剣なる受講者に相済《あいす》まぬ。／講義終了後、個人指導〉（一九五三年二月三日）

〈……何といっても、教学を深く、備えねばならぬ。／七時、自宅において、班長会議。／「諸法実相抄《しょほうじっそうしょう》」の講義をする。自分の講義の反省を要《よう》す。／皆、元気で帰って行った〉（同十月十三日）

二十六歳――〈身体の調子、全く悪し。／……夜、鶴見に講義。講義のたび毎《ごと》に思う、勉強せねばならぬと。――〉（一九五四年五月十九日）

〈夕刻、鶴見の講義。於鶴見市場S宅。／少々、身体を休めたためか、力強い、良い講義が出来て嬉《うれ》しい。／終わって個人指導する。京浜急行・鶴見市場駅まで二、三の同志が送ってくれる。感謝の念が心から起こる〉（同六月十六日）
〈七時、――鶴見支部の「開目抄」講義。力一杯《ちからいっぱい》、頑張《がんば》る。／もっと成長せねば、受講者に申しわけないと思いつつ帰る。／実力。常に実力を養《やしな》い、実力を持つことだ〉（同七月八日）
〈夜、鶴見支部の講義。／講義の度《たび》に思う。精進《しょうじん》せねばと、勉強せねばと――〉（同二十一日）
〈夜、鶴見の講義。「顕仏未来記《けんぶつみらいき》」。／真剣に予習をした時の講義は、たしかにいい。いつもそうであらねば――〉（同九月一日）
　何度も試行錯誤《しこうさくご》を続け、
〈六時三十分、本部講義。／「顕仏未来記」終了。講義は、
　一、熟読《じゅくどく》すること。
　二、明確に、解釈《かいしゃく》すること。
　三、理論的であること。必ず、体験を通し、幅広《はばひろ》く講義をなすこと〉（一九五五年十一月五日）
　という指針を固めていく。

＊

　池田が地区講義を担当していた時期、とくに力《ちから》を入れたのが、講義に集まる青年部への薫陶《くんとう》だった。

池田の御書講義に真剣に耳を傾ける学会員（1959年2月）。**戸田城聖亡き後、池田は総務として創価学会の実質的な指揮を執り続けた**
©Seikyo Shimbun

〈（地区講義の）はじまる前、ごくわずかな人を対象に、その講義教材とは別に「立正安国論《りつしょうあんこくろん》」の勉強でした。二、三日前から何度も何度も読みかえしては当日を楽しみに待っておりました〉（伏木芳子の手記）

地区講義の前後の時間を使って、池田は青年部の有志を募《つの》り、「立正安国論」を学んだ。「立正安国論」——旅人が問いかけ、主人が答える「対話の書」である。日蓮による名高い「自界叛逆難《じかいほんぎやくなん》」（内乱）と「他国侵逼難《たこくしんぴつなん》」（侵《しん》略《りやく》）の予言は、この書で説かれた。

大地震。絶え間ない疫病《えきびよう》と飢《う》え。人の心は乱れ、不安は恐怖《きようふ》を生み、差別を生み、分断《ぶんだん》を引き起こした。犠牲者《ぎせいしや》は数えきれず、「悲しまない人は一人もいない」（御書十七ページ、新二十四ページ、趣意《しゆい》）という世相《せそう》のなか、優《すぐ》れた宗教を求めて旅人と主人は対話を重ねる。その一問一答に日蓮は、「彼岸《ひがん》へ逃げる」のではなく、「現状の正当化」も拒否《きょひ》し、「現実は変えることができる」というメッセージを込めた。

二人の対話は、九つの問答を経《へ》て、やがて心を変えた旅人の決意で終わる。日蓮は三十九歳でこの書を書き、時の最高権力者である北条時頼《ほうじょうときより》に送った。直接、時頼と会ってもいる。「立正安国論」を書いた後、二度の流罪《るざい》をはじめ、迫害《はくがい》につぐ迫害の日々を生きることになる。

日蓮の生涯は「立正安国論に始まり、立正安国論に終わる」と言われる。そして「安国」の「国」は、単なる「一つの国家」ではなく、「全世界」と読み解くことができる。

伏木芳子は、池田の「立正安国論」講義でも範囲の拝読を担当した。「『青バエでも駿馬《しゅんめ》の尾《お》につければ万里《ばんり》を飛ぶんだ！』という先生の一言を聞いて、私は電流に触《ふ》れた思いでした。忘れがたい一節です」（伏木芳子）。

この時、池田が力《ちから》を込めたのは、

〈蒼蠅《そうよう》、驥尾《きび》に附《ふ》して万里を渡り、
碧蘿《へきら》、松頭《しょうとう》に懸《か》かって千尋《せんじん》を延《の》ぶ〉

という一節だった（御書二十六ページ、新三十六ページ）。

——小さな青バエも、駿馬の尾につかまって万里を行くことができる。細い葛《かずら》は、大きな松の木にかかって千尋まで伸びることができる――

これは、「卑《いや》しい身分のくせに」と、人を見た目や立場で判断し、見下《みくだ》してしまう旅人の傲《ごう》慢《まん》を、主人が戒《いまし》めた一言である。人間の力は「何を信じるか」によって変わり、ときに本人の想像をはるかに超えて引き出される。そうした生命の道理を、わかりやすい譬《たと》えで説いた。

「忘れても、いいんだよ」

八木下文男も、市場地区の「立正安国論」講義で鍛《きた》えられた一人である。工場勤めだった文男は「御書は分厚《ぶあつ》いけど、ベルトに挟《はさ》んでおいて、休み時間になると御書をめくってました」と述懐《じゅっかい》する。

取材（二〇二〇年二月）の途中、九十二歳の文男は朗々とした声で「つらつら微管《びかん》を傾《かたむ》け……」と「立正安国論」を諳《そら》んじ始《はじ》めた（御書十七㌻、新二十五㌻）。

「……いささか経文《きょうもん》を披《ひら》きたるに、世皆正《よみなしょう》に背《そむ》き、人《ひと》ことごとく悪に帰《き》す。故《ゆえ》に、善神《ぜんじん》は国を捨てて相去《あいさ》り、聖人《しょうにん》は所を辞《じ》して還《かえ》りたまわず……」

――わずかに眼《め》を開いて、少しばかり経文を開いてみると、世の中は上下万民《じょうげばんみん》あげて正法《しょうほう》に背き、人々は皆《みな》、悪法《あくほう》に帰している。だから、守護《しゅご》すべき善神は国を捨て去ってしまい、聖人は他へ行ったまま帰って来ない——

「神天上《かみてんじょう》の法門」といわれる長い箇所が、よどみなく口をついて出る。七十年の歳月が経《た》っても、青年時代の薫陶が心に刻《きざ》まれていた。

文男は池田の講義を受けた数年後、今度は自分が地区講義をする側になり、福島の会津若松《あいづわかまつ》などで「立正安国論」を講義した。市場地区が市場支部になってからは、支部長も務めた。

「勉強が嫌《いや》で嫌で仕方なかった者が、自分よりはるか先輩の人たちを前にして安国論の講義をするわけです。どれほどの難事《なんじ》だったか」と笑う。「本当に無学《むがく》だった私が、本物の教学に触れて、〝生命の眼〟を開けたのは、先生の地区講義のおかげなんです」。

＊

鶴見支部の草創期《そうそうき》を女子部のリーダーとして引っ張った森田秀子。地区講義が始まった一九五一年（昭和二十六年）ごろは「御書《ごしょ》も発刊されておらず、御文《ごもん》を理解しようにも手助けになるものなど何もない時代でした。ですから戸田先生は、私たちが理解できるよう、身に沁《し》みる譬えで語ってくださいました」と語り残している。

「……恥ずかしい話ですが、ある時、こんな質問をしました。『戸田先生の講義を聞いて感動するのですが、家に帰ると講義の内容を忘れてしまうのです』と——。質問への戸田先生の答えはこうでした。

『忘れても、忘れても、いいんだよ。忘れても、忘れても、忘れても、講義を聞いていくと、忘れられない何ものかが、あなたの命の中に残っていくよ。その積み重ねがやがて、あなたの力になっていくよ』——生涯忘れられない言葉です」

池田が、関西のある座談会に出た時のこと。一人の壮年が居眠《いねむ》りをし始めた。壮年の妻は気が気でなく、しきりに起こそうとする——しかし池田は、起こす必要はないと言った。

創価学会の青年部結成15周年を記念して発刊される「立正安国論」の講義録に揮毫（きごう）する池田（1966年6月、東京・新宿区）。発刊に際し〝立正安国の精神こそ、不滅の学会精神である〟と語った ©Seikyo Shimbun

「昼間、一生懸命に働いて、ここに来ているんだから、疲れているんだよ。無理に起こさなくていいんですよ。妙法の話というのは、毛穴《けあな》からだって入っていくんです」

ハラハラしていた周りの雰囲気も、この一言で和《なご》やかになった（普及版『法華経の智慧《ちえ》』〔下〕二二二㌻）。

いっぽう、厳しい姿勢で臨《のぞ》む場面も多かった。

「ある日、池田先生から『地涌《じゆ》の菩薩《ぼさつ》は、法華経《ほけきょう》の会座《えざ》のどこに出てきますか』と質問されました」（伏木芳子）

「突然のことで、私は知っているかぎりのことを話しましたが、先生からは『もっと正確に御書を読みなさい』と言われました。あの時は『あいまいな御書はないし、あいまいな信心の姿勢ではいけないんだ』と反省しました」

八木下文男は「ある日の地区講義で、御書に出てくる漢字について、どうでもいい質問をしてしまったことがあって、池田先生に叱《しか》られました」と振り返る。「先生は『訓詁注釈《くんこちゅうしゃく》よりも、大聖人が門下に何をおっしゃっているのか。我々はその「心」を読み取らねばならないんだ』と」。

池田は信仰に直接関係のない質問を嫌った。また、信仰に直《じか》に結びつく知識について、なかでも「地涌の菩薩」については厳格《げんかく》だった。

そこには、師である戸田城聖が、学会員に対してなんとしても伝えたかった一点――「ほかでもない、いま悩んでいるあなたこそ地涌の菩薩なのだ」というメッセージがあった。

「夜明けは戸田先生の胸中《きょうちゅう》で始まっていたのです」

戸田城聖は戦時中《せんじちゅう》、治安維持法違反《ちあんいじほういはん》と不敬罪《ふけいざい》に問われ、囚《とら》われの身となる。その獄中《ごくちゅう》生活で、二つの不思議な体験を得《え》た。

一つは、「仏とは、生命である」という発見である（第2章で詳述《しょうじゅつ》）。

そしてもう一つが、「法華経」に説かれる「地涌の菩薩」とは、まぎれもない自分自身である、という発見だった。

のちに、この二つを合わせて「獄中の悟達《ごだつ》」と呼ばれるようになる。

古来、「諸経《しょきょう》の王」といわれる「法華経」は、「釈尊《しゃくそん》がこの世を去った後、誰《だれ》が仏法を弘《ひろ》めるのか」という大きなテーマに貫かれている。その釈尊の後継者《こうけいしゃ》こそ、大地を割《わ》って登場する、無数の「地涌の菩薩」たちだった。

彼らが現れるのは「虚空会《こくうえ》」と呼ばれる儀式《ぎしき》である（従地涌出品《じゅうじゆじゅっぽん》第十五）。

一九四四年（昭和十九年）の冬が始まるころだった。数え年で四十五歳の戸田は、不自由な独房《どくぼう》で唱題《しょうだい》を重ねていた。ある朝の瞬間、戸田は、その「虚空会」の場に〈彼自身を発見したのである。夢でもない、幻《まぼろし》でもなかった。それは、数秒であったようにも、数分であったようにも、また数時間であったようにも思われた。初めて知った現実であった〉（小説『人間革命』第二版、第四巻「生命の庭」の章）。

〈……彼は、一瞬、茫然《ぼうぜん》となった。両眼《りょうがん》からは熱い涙があふれてならなかった。彼は、メガネを外《はず》して、目を押さえたが、堰《せき》を切った涙は、とめどもなかった。おののく歓喜《かんき》に全生命を震《ふる》わせていた〉（同）

池田は、この瞬間が「私どもの永遠の原点です。法華経を現代に蘇《よみがえ》らせた一瞬であり、『人間革命』という太陽が現代に昇《のぼ》った一瞬だった。その時、闇《やみ》は深く、だれも気がつかなかったが、夜明けは戸田先生の胸中《きょうちゅう》で始まっていたのです」と語っている（普及版『法華経の智慧』〈中〉二〇一ページ）。

獄中の戸田は涙をぬぐい、手元にあった法華経を読み直す。

〈彼は、机《つくえ》を叩《たた》きながら、「この通りだ。この通りだ」と、深く頷《うなず》いた。……各品《かくほん》の文字は、急に親しさにあふれ、訴えてきた。まるで、昔《むかし》書いた日記を読み返す時のように、あいまいであった意味が、今は明確に汲《く》み取れるのである。

彼は、わが目を疑った。だが、法華経を、このように理解するにいたった、わが心の不思議さは、いささかも疑わなかった。

激しい、深い感動のなかで、彼は、わが心に誓った。

戸田の御書と愛用した懐中時計。「聖人御難事（しょうにんごなんじ）」の「彼等は野干（やかん）のほうるなり日蓮が一門は師子の吼（ほう）るなり」などの一節に朱線が引かれ、激闘のなかで研さんと思索を重ねた日々が偲（しの）ばれる
©Seikyo Shimbun

〝よろしい、これで俺《おれ》の一生は決まった。今日の日を忘れまい。この尊《とうと》い大法《だいほう》を流布《るふ》して、俺は生涯を終わるのだ！〟〉（『人間革命』第二版、第四巻「生命の庭」の章）

「足下《そっか》を掘《ほ》れ、そこに泉《いずみ》あり」

「……不思議と言えばこれほど不思議なことはない。しかし、戸田先生にとっては、まぎれもない体験であった」「……戸田先生は、虚空会を事実として語られている。学会員も、そこに連《つら》なっていたのだと語られたこともあった」（普及版『法華経の智慧』〈中〉二〇二㌻、二一一㌻）

　池田はこの恩師の原点について、繰り返し語ってきた。そして「菩薩と言いながら、じ

つは仏である」（同一六〇ページ）という、不思議な菩薩をめぐる探究《たんきゅう》こそ、教学の醍醐味《だいごみ》であることを強調してきた。

「……地涌の菩薩であるということは、『仏』だということです。『仏』と言っても、（地涌の菩薩の）他には絶対にないのです。この一点が皆、なかなか、分からない」（同〔下〕二二六ページ）

「『仏とは何か』を追求しぬいて、仏とはほかならぬ自分のことであり、宇宙の大生命であり、それらは一体であると分かった。

〝足下《そっか》を掘《ほ》れ、そこに泉《いずみ》あり〟という言葉は有名だが、自身の根源《こんげん》を掘り下げていく時、そこに万人に共通する生命の基盤《きばん》が現れてきた。それが永遠の宇宙生命です。戸田先生は、まさに自身の根源を悟《さと》られるとともに、〝あらゆる人が、じつは根本においては地涌の菩薩である〟という人類共通の基盤を悟られたのです。その〝生命の故郷《ふるさと》〟を知ったのが、学会員です。

先生は、その胸中の深いご確信を何とか学会員と分かち合おうと心を砕《くだ》いておられた。時には『地涌の菩薩の皆さん、やろうではないか』と呼びかけられたこともある。

自身の本源《ほんげん》の生命に生きぬいた人は、どれほど尊《とうと》いか。どれほど強いか――そのことを私どもに命懸《いのちが》けで教えてくださったのが戸田先生です。また、ご自身の一生を通して実証してくださった。〝一人の力〟は偉大です。まことの地涌の菩薩であれば、力が出ないわけがない。その確信がすべての出発点です」（同〔中〕二一二―二一三ページ）

*

教学試験の行われた日本大学を訪れ、受験者に笑顔で語りかける池田（1962年1月）。この日、全国156都市ならびに沖縄の那覇市で教学試験が実施され、受験者は22万人を超えた ©Seikyo Shimbun

一九五一年（昭和二十六年）の九月から始まった「地区講義」。そのスタートにあたって、池田が市場地区（九月七日）と川越地区（九月二十五日）の両方で講義した一篇《いっぺん》があった。

富《と》木《き》常忍《じょうにん》という門下に送られた「治病抄《じびょうしょう》」（治病大小権実《ごんじつ》違《い》目《もく》）である。その中に次のような一節がある（御書九九六ページ、新一三三〇ページ）。

〈今《いま》、末法《まっぽう》に入《い》りぬ。地《じ》涌《ゆ》出《しゅつ》現《げん》して弘通《ぐつう》あるべきことなり〉

――今は末法に入った。地涌の菩薩が出現して、妙法《みょうほう》を弘《ひろ》めるはずである――

そして、この「治病抄」の「病《やまい》」とは、「国の病」であり、具体的には「疫病《えきびょう》」のことを指している。

〈いただいたお手紙には「疫病がいよいよ盛《さか》んに流行している」とありました〉――「治病抄」の一節である（御書九九五㌻、新一三二九㌻、趣意）。

病には、医師が治せる病と、そうではない病がある。「宗教」や「思想」が乱れて、「政治」も「社会」も乱れた末《すえ》に、一国全体が道を誤《あやま》った時、どうすれば「国の病」を治せるのか――三十九歳で著《あらわ》した「立正安国論」以来、日蓮が取り組み続けた難問《なんもん》だった。

「治病抄」で日蓮は、〝日本国の疫病の歴史〟をたどっていく。そして、これからは「地涌の菩薩」が正しい教えを弘《ひろ》めて、

〈結句《けっく》は、勝負《しょうぶ》を決《けっ》せざらん外《ほか》は、
この災難《さいなん》止《や》み難《がた》かるべし〉
――結局は、勝負を決する（宗教の正邪をはっきりさせる）以外に、
この災難を止めることはできない――

と結論した（御書九九八㌻、新一三三三㌻）。

池田はこの「治病抄」について、第三代会長に就任する前年、こう語っている。

「戸田先生は、治病抄の御講義《おこうぎ》の中で、次のようにおおせられた。『……大乗経典《だいじょうきょうてん》をわがものにした者は、大乗経典を自分の生命にうちこんだ者は、そこから自然に、政治も文化も出てくると、おっしゃっているのだよ』と」（「大白蓮華」一九五九年八月号）

地区講義が始まった年、日本にも「国民病」といわれる病が蔓延《まんえん》していた。結核《けっかく》である。

初代会長の牧口常三郎《つねさぶろう》は、わが子を結核で亡《な》くした。戸田城聖は、最初の妻を結核で亡くし、自らも結核を病《や》んだ。そして池田もまた結核に苦しめられた。新しい「結核予防法」がつくられたのは、敗戦から六年後のこの年だった。

戸田は「治病抄」を講義した際、「（結核が）いまでいえば（御文《ごもん》の）疫病です。肺結核という疫病です」と言及している（一九五七年十月十一日、豊島公会堂）。

御書には「三災七難《さんさいしちなん》」という言葉が何度も出てくる。「三災」は「穀貴《こっき》」「兵革《ひょうかく》」「疫病」を指す。この三つの災《わざわ》いは、創価学会が地区講義を始めた当時の日本社会に、いやというほどあてはまっていた。

「君は生きぬけ」

「兵革《ひょうかく》」――戦争のことである。太平洋戦争の日本の戦没者《せんぼつしゃ》は三一〇万人。その半数以上が餓死《がし》だったといわれる。全土が空襲《くうしゅう》を受け、沖縄は地上戦で蹂躙《じゅうりん》され、広島と長崎には原爆《げんばく》が落とされた。

「穀貴《こつき》」――農作物《のうさくもつ》が実《みの》らず、人々が飢え、穀物《こくもつ》の値段が高騰《こうとう》することをいう。新宿《しんじゅく》、渋谷《しぶや》、池袋《いけぶくろ》、新橋《しんばし》、上野《うえの》……焼《や》け跡《あと》に無数の「ヤミ市《いち》」が立った。米は配給《はいきゅう》だけではまったく足りなくなり、「ヤミ米《ごめ》」の値段は配給米の十倍を超えた。十七歳の池田も買い出しのためにリュックサックを背負い、千葉の幕張《まくはり》まで出かけている（単行本『民衆こそ王者』第六巻に詳述）。

そして「疫病」――敗戦直後、日本列島を伝染病《でんせんびょう》が襲《おそ》った。一九四六年（昭和二十一年）の一年間、人々はさまざまな病にかかり、命を奪《うば》われた。

〈……赤痢《せきり》八万八二一四人、ジフテリア四万九八六四人、腸《ちょう》チフス四万四六五八人、発疹《はっしん》チフス三万二三六六人、天然痘《てんねんとう》一万七九五四人など、いまではとても想像さえできないような状況であった〉（青木正和『結核の歴史』講談社）

なかでも結核は恐れられた。戦争中も、戦後も、毎年十万を超える人々が亡くなった。なによりも「若者が命を落とす病」だった。

太平洋戦争の前――三十歳までに、じつに七割が結核にかかった（一九三五年の調査）。しかも、その多くが無症状《むしょうじょう》だった。戦後（一九五三年）に行われた調査では、感染《かんせん》した人のなかで自覚のない人の割合は、じつに八割を数える（前掲『結核の歴史』）。

樋口一葉《ひぐちいちよう》（二十四歳）。正岡子規《まさおかしき》（三十四歳）。宮沢賢治《みやざわけんじ》（三十七歳）。いずれも結核で亡くな

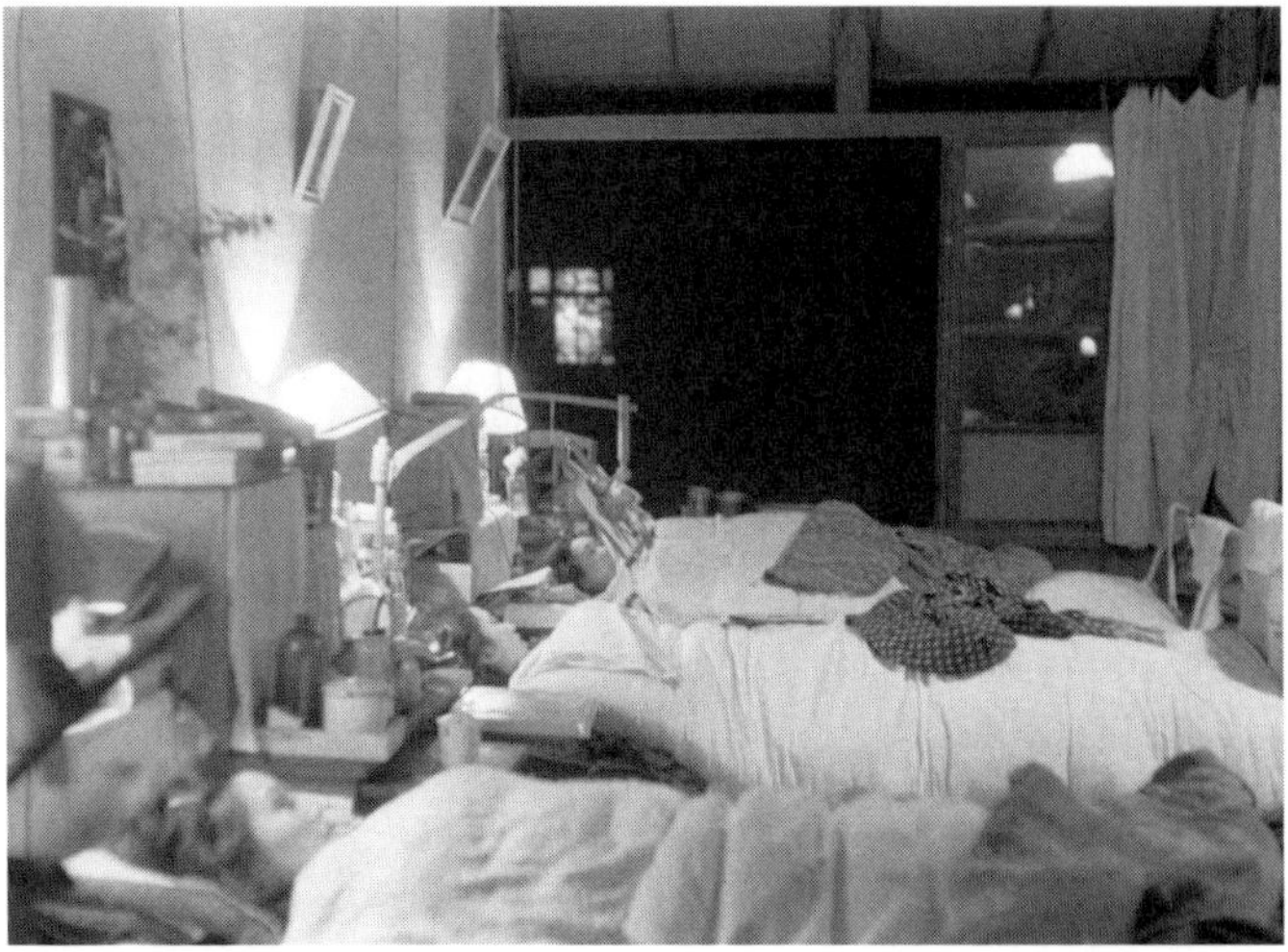

東京・清瀬村の国立東京療養所。結核の療養の必要上、患者は冬も窓を開けたままで就寝する。結核は『源氏物語』や『枕草子』にも描かれ、ヨーロッパでは作曲家のショパンや作家のカフカも結核が原因で命を落としている ©毎日新聞社

っている。「白いペスト」と恐れられた結核の影は、池田のエッセー『若き日の読書』にも色濃《いろこ》く刻《きざ》まれている。

〈あの敗戦の年（一九四五年）——私は十七歳である。四人の兄を戦争にとられ、残された家族の生計《せいけい》は、五男である私の肩に、ずしりと重くのしかかっていた。四月と五月の空襲で家を二度も焼かれ、父も病気がちであり、結核を病んでいた私は血痰《けったん》を吐《は》きながら働いた〉（『池田大作全集』第二十三巻）

＊

「若き日の読書」は月刊誌「第三文明」に連載された。連載の第一回に選んだのは、国木田独歩《くにきだどっぽ》の『欺《あざむ》かざるの記《き》』だった。その青春論の〈一言一句《いちごんいっく》が、すべて我がことのように思われた〉という池田は、この本

から長文を読書ノートに抜き書きしている。その独歩が亡くなったのは三十六歳。死因は結核だった。

「若き日の読書」の第二回は、徳冨《とくとみ》健次郎（蘆花《ろか》）の『自然と人生』。

〈……戦後生まれの青年には、もはや蘆花《ろか》のものは読まれないようだが、私どもが子どものころは、まだ蘆花といえば『不如帰《ほととぎす》』、ホトトギスといえば健次郎と、すぐ頭に浮かんできた。「武男」と「浪子《なみこ》」の名は、あまねく全国に知れわたり、子どもたちは手鞠《てまり》をつきながら、二人の悲恋《ひれん》を歌ったものだ〉と綴《つづ》っている。

大ベストセラーになった『不如帰』。ヒロインの浪子が結核にかかり、さびしく死んでいく。『不如帰』はあまりにも人気が高まり、この小説によって〝結核はロマンチックな病気〟という印象が広まってしまう。

しかし、結核の現実は過酷《かこく》なものだった。

〈戦前の医者は、はじめて結核にかかった患者にはっきりと「肺結核」と告《つ》げることがなく、「肺門淋巴腺《はいもんりんぱせん》」、「肺浸潤《しんじゅん》」などと病名を曖昧《あいまい》にした。それは、結核は不治《ふち》の病《やまい》であり、死亡宣《せん》告《こく》に等しかったからである。当時の女性患者の場合には、さらに離婚《りこん》が待っていた。したがって本当の病名を患者に告げない。これは現在で言えば、「癌《がん》」の告知問題と同じようなものである〉（加藤茂孝『人類と感染症の歴史』丸善出版）

さらに「若き日の読書」の第三回は石川啄木《いしかわたくぼく》。天才詩人である彼もまた結核で亡くなった。

池田が提唱し創価学会の青年部が「世界の書籍展――ゆたかなる精神の旅」を企画。フランスの文豪ユゴーの『九十三年』など、池田の若き日の愛読書コーナーを観賞する来場者たち（2002年10月、東京・中央区）©Seikyo Shimbun

二十六歳だった。啄木の母も、妻も、次女も、死因は結核だった。

また、戸田城聖が池田を「君は妙法の高《たか》山樗牛《やまちょぎゅう》になれ！　彼は（結核で）三十一歳で死んだが、君は生きぬけ」と励ました高山樗牛の著作も、池田は「若き日の読書」で取り上げている。

〈結句《けっく》は、勝負《しょうぶ》を決《けっ》せざらん外《ほか》は〉――日蓮のこの一言は、仏法によって「国の病」を治そうとする宣言であり、多くの学会員はこの一節を、病と闘《たたか》い、宿命と闘う自分自身の決意に変えていった。

背《せ》伸《の》びせず、ありのまま

市場地区での講義の初日、池田は「治病抄」とともに、もう一篇《いっぺん》の御書に言及している。それは、妙一尼《みょういちあま》という門下に宛《あ》てた短い手紙だった（妙一尼御前《ごぜん》御返事、御書一二五五ページ、新一六九七ページ）。

日蓮は、夫を亡くし、病気の子どもを育てる妙一尼に、「信心」とは「決して特別なものではない」ことを教えた。

〈妻《め》のおとこ《夫》をおしむ《惜》がごとく、おとこ《夫》の妻に命をすつる《捨》がごとく、親の子をすて《捨》ざるがごとく、子の母にはなれ《離》ざるがごとくに〉――たとえば、妻が夫をいとおしく思うように、夫が妻のためには命を捨てるように、親が子どもを捨てないように、子どもが母親から離《はな》れないように――

　さらに「女性が鏡を捨てないようなものです。男性が刀を差すようなものです」（趣意）と、六つの譬えを使って、妙一尼の信仰を支えた。

日蓮が妙一尼に送った手紙は二通、残されている。

もう一通には、〈法華経を信ずる人は冬のごとし。冬は必ず春となる〉（御書一二五三ページ、新一六九六ページ）という一節が綴られている（妙一尼御前御消息《ごしょうそく》）。

池田は、高校生から寄せられた「祈り方がわかりません。正しい祈り方というのは、あるんでしょうか」という質問に対し、次のように答えている。それは、二十三歳の時から何度となく繰り返し、あらゆる境遇《きょうぐう》の人々に語りかけてきたことだった。

「ありのままの姿でいい。御本尊《ごほんぞん》を『根本中の根本』と尊敬《そんけい》して、素直《すなお》に、子どもが『お母さーん』と抱きついていくような気持ちで、ぶつかっていくことです。

苦しければ苦しいまま、悲しければ悲しいまま、つくろわず、飾《かざ》らず、背伸《せの》びせず、ありのままの心で唱題していけばいいのです。

大聖人は『信心と申すは別にはこれなく候《そうろう》』（御書一二五五ページ、新一六九七ページ）と仰《おお》せだ。『信心というのは、特別のことではありません』という意味です。

『親が子どもを捨てないように、子どもが母から離れないように』、そのように自分の心を御本尊のなかに入れて、『実現させてください』と真心《まごころ》から祈ればいいのです。その祈りが、必ず、力を与えてくれる。

『祈り』という特別なものがあるのではない。『心から、お願いする』ということにほかならない。『心』が大事です。心から御本尊を慕《した》い、信じ、御本尊を大好きになって祈っていくことです」（『青春対話2』普及版、六十一――六十二ページ）

いっぽうでは、「国の病」を治そうとする闘争宣言（治病抄）。もういっぽうでは、「生活法」としての仏法の、最も基本になる心構《こころがま》え（妙一尼御前御返事）。

この二つの柱を掲《かか》げて「地区講義」はスタートした。

第4章 地区講義の光㊦

――川越地区――

一九五一年（昭和二十六年）九月から、二十三歳の池田大作は埼玉の川越《かわごえ》で「地区講義」を担当する。

川越駅前の会場には毎回、三十人ほどの老若男女が集まった。

病《やまい》や経済苦と闘う参加者たちに、池田は訴えた。

〝生命の境涯《きょうがい》から言うならば、皆さんは大学で学ぶよりも立派な最高の哲学を学んでいるんですよ〟

「信」を根本に蘇生《そせい》していく人々のドラマを追った。

田口秀子は小さいころ、母に連《つ》れられて何度か「地区講義」に行った。まだ六歳だった。講義の中身は覚えていないが、講義する若い男性が着ていた〝白いシャツ〟の印象は強く残っている。

講義は夜の七時から始まった。「私が玄関先にいると、シャツの袖《そで》をまくった池田先生が、川越《かわごえ》駅のほうから早足《はやあし》でこちらに歩いてくる様子が見えました。拠点の玄関には子どもが数人いたのですが、先生は一人ひとりに『いい子だねえ』と声をかけて、頭をなでてくださって。あの感触は今でも忘れません」。

一九五一年（昭和二十六年）九月——世の中は、黒澤明《くろさわあきら》の映画「羅生門《らしょうもん》」がヴェネツィア国際映画祭でグランプリ（金獅子賞《きんじししょう》）をとったニュースで盛り上がっていた。

二十三歳の池田大作は男子部の班長になったばかりだった。地区講義で担当したのは神奈川・鶴見《つるみ》支部の「市場《いちば》地区」、そして埼玉・志木《しき》支部の「川越地区」である。

戸田城聖《じょうせい》（創価学会第二代会長）が「七十五万世帯」の折伏《しゃくぶく》を宣言し、「一対一の膝《ひざ》づめ談《だん》判《ぱん》によって、広宣流布《こうせんるふ》は成《な》し遂《と》げられるのである」と話したのは、この年の五月三日。獄死《ごくし》した牧口常三郎《つねさぶろう》の後を継《つ》いで会長に就任した日だった。

創価学会の第２代会長就任式で挨拶する戸田城聖（1951年5月3日、東京・墨田区）。この日を記念して、後日、戸田は池田に「現在も　未来も共に　苦楽をば　分けあう縁（えにし）　不思議なるかな」との和歌を詠み贈った
©Seikyo Shimbun

夏が明けた下半期、すべての支部で、御書《ごしょ》（日蓮《にちれん》の遺文集《いぶんしゅう》）を学ぶ「地区講義」や「支部講義」が本格的に始まった。誰《だれ》がどの地域を担当するか、戸田自身が任命した。戸田は池田を、強い支部の多い東京ではなく、弘教《ぐきょう》の〝種《たね》〟が芽生《めば》え始めたばかりの二つの地区に派遣《はけん》した。

「一日一行でもいい、読みきりなさい」

戸田は、自分の名代《みょうだい》として送り出す講師たちに直接、講義した。池田も一講師として薫陶《くんとう》を受けた。地区講義に臨《のぞ》んで〝戸田先生の講義を受けた御書は親戚《しんせき》みたいで、そうでない御書は遠縁《とおえん》のように感じた〟と語っている（「大白蓮華《だいびゃくれんげ》」一九五五年十二月号）。

　また戸田は、担当の講師たちに「どんな短い御書でも、長い御書でも、十遍《じっぺん》以上読んでから、（講義を）やらなくてはいけない」「一日一ページでも、一行でもいいから、読みきりなさい。それを十年も二十年も続けなさい」と教えた。

　学会に教学部ができる前、一人の青年部員が、ある学校に進みたいと思っていることを戸田に相談したことがある。母親を介《かい》しての相談だった。だが、他人の目を気にし、うわべを飾《かざ》る心が見え隠れしていた。

「見栄《みえ》で、そんなところへ行く必要もないだろう」。戸田はそう答えた。進学することそのものを否定したわけではない。何のために学ぶのか、志《こころざし》を問い、こう続けた。「御書の一ページ、一ページをかみしめて、どこにどういう言葉があったか、どこの御書は、どのように書いてあったか、そういうことを真剣に学んだほうがいいだろう」。

　そばでやりとりを聞いていた池田は、学歴があろうとなかろうと「ほんとうの人材になるためには、絶対、御書を身につけなければならない」という戸田の強い信条を感じたと振り返っている（同）。

　敗戦後、戸田のもとで学会の再建に動いた一人である柏原ヤス。治安維持法違反《ちあんいじほういはん》と不敬罪《ふけいざい》で捕《と》らわれていた戸田が出獄《しゅつごく》して間もないころ、教わった原則を語り残している。

「戸田先生が牢《ろう》から出られた時に、はっきりおっしゃった言葉は『学会があれだけの勢力を持っていたのに、弾圧《だんあつ》でもって、なぜ信心が崩《くず》れたかというと、教学がないからだ。だから、どうしても、学会の大きな闘争の基礎《きそ》は、教学を立てなきゃ駄目《だめ》だ』と」（同）
それは、戦時下《せんじか》の迫害で初代会長の牧口常三郎を獄中で失った末に得た、重い教訓だった。
「地区講義」をはじめ、それまでにない規模で広がった創価学会の教学運動。誰が集まり、何を共有したのか。前章に続き、証言と記録をたどる。

自身の内《うち》なる「魔《ま》」との戦い

講義の日は、市場地区は水曜日が、川越地区は火曜日が多かった。

川越に向かう日の夕刻——池田は職場のある市ケ谷《いちがや》から池袋へ。東武東上線に乗って、成増《なります》駅を過ぎれば東京から埼玉に入る。一八時前に池袋を出ると、志木、上福岡《かみふくおか》などを経《へ》て、一八時四〇分過ぎには川越駅に着く。

初回からすべての地区講義に参加したという田中富子は「いつも二十人から三十人が講義に来ていました」「（昭和二十七年四月までは）まだ学会の御書がなく、『大白蓮華』を持ってきている人もいました」と述懐《じゅっかい》している。

鶴見で初めての地区講義が、疫病《えきびょう》という「国の病《やまい》」を治す宣言である「治病抄《じびょうしょう》」と、夫を亡くし、病の子を育てている女性に宛《あ》てた、信仰の基本を確かめる手紙（妙一尼御前御返事《みょういちあまごぜんごへんじ》）の二篇から始まったことは前章で触れた。

川越の初回でも池田は、「治病抄」とともに、信仰の基本を確かめる一節の含まれた御書を取り上げている。

〈月々日々《つきづきひび》につ《強》より給《たま》え。すこしもた《弛》ゆむ心あらば、魔《ま》た《便》よりをう《得》べし〉

——月々日々に、信心を強めていきなさい。少しでもたゆむ心があれば、

魔がその隙《すき》につけこんで襲《おそ》ってくるだろう——

（聖人御難事《しょうにんごなんじ》、御書一一九〇ページ、新一六二〇ページ）

この有名な一節を通して池田は、「外から襲いくる魔と戦うことは、そのまま自身の内なる魔との戦いなのである。それなくして広布の前進も、自身の一生成仏《いっしょうじょうぶつ》もない」と語っている（一九八八年のスピーチ、『池田大作全集』第七十巻）。

・一九五一年十一月「如説修行抄《にょせつしゅぎょうしょう》」
・十二月「松野殿御返事」
・翌五二年一月「生死一大事血脈抄《しょうじいちだいじけつみゃくしょう》」「三大秘法抄《さんだいひほうしょう》」

・三月「阿仏房尼御前《あぶつぼうのあまごぜん》御返事」
・四月「日女御前《にちにょごぜん》御返事」……

池田が担当したこれらの講義の修了證書《しゅうりょうしょうしょ》を、田中富子は妹の政子とともに大切に残した。川越の創価学会の土台となった人々の多くが、池田の地区講義を受けている。富子が初めて創価学会を知ったのは、日本の敗戦から三年、〈見渡すかぎり冬の田圃《たんぼ》〉（田中富子の手記）の中だった。

＊

志木駅から三十分ほど歩いた田園風景の中で、三十二歳の富子は重い荷物を持ったまま道に迷っていた。

一九一六年（大正五年）、東京・日本橋の米問屋《こめどんや》の家に生まれ、赤坂で育った。別荘が複数あるような裕福な暮らしだった。結婚して白金《しろかね》に住んだが、太平洋戦争がすべてを変えた。敗戦後、夫の一《はじめ》とともに疎開《そかい》していた先《さき》を転々とした。当時、着物などを少しずつ売って食いつなぐ厳しい暮らしを、〝筍《たけのこ》の皮を一枚ずつ剝《は》いでいく〟様子にたとえて「筍生活」と呼んだ。その筍生活の渦中《かちゅう》、栃木の鹿沼《かぬま》に住んでいた時、夫の一を病で亡くした。その後、川越に住むようになる。

どうやって生きていくか悩んだ。幸い、夫の親戚が絹《きぬ》を扱っており、糸と針を仕入れることができた。

〈……地方の農家の娘さん達が農閑期《のうかんき》を利用して裁縫《さいほう》を習いに集まるところへ売りに行くいわゆる行商《ぎようしよう》である。戦前の生活からは思いもよらぬ事である。ボーッと育ち、頭のめぐりの鈍《にぶ》い私には〝清水《きよみず》の舞台より飛びおりる〟思いであった……〉（田中富子の手記）

田圃の中で迷子《まいご》になったのは、初めての場所へ行商に行く途中だった。

〈……畑を過ぎ、ゆるい坂を下っていくと見渡すかぎり冬の田圃であり、向こうの方に木の繋《つなが》りが三ツ五ツ。木の間《こま》がくれに藁屋根《わらやね》の数々が目に入る。

……戦後の飢《う》えの時代で栄養不良の足は重く、もんぺの足さばきもよろついて、町はずれで聞いた家もどれやらと心細くなってしまった時のことである。

横の小道より私と同じ年配のもんぺ姿の女性がこちらに歩いて来る。渡《わた》りに舟《ふね》とはこの事と、私の稼《かせ》ぎ場《ば》である裁縫稽古《けいこ》場を尋《たず》ねるべく声をかけた〉（同）

富子が道をたずねた相手は、快《こころよ》く道案内をしてくれた。その女性が創価学会員だった。道中、お互いの身の上を話した。富子は初めて「十界論《じつかいろん》」という言葉を聞いた。〈その時は耳なれぬ言葉で何も覚えてはいないが……真心が胸に感じられ〉（同）、うなずいているうちに、目的地が見えてきた。

――ちょうどあさって、上福岡で座談会があります。駅で待っていますから――別れ際にそう言われて、行く約束をした。

しかし〈戦災後《せんさいご》はあちこちでいじめられて来た〉（同）という富子は、何に対しても白眼視《はくがんし》

太平洋戦争の敗戦から６年、生活館に集まり内職する婦人たち（1951年5月）
©毎日新聞社

するようになっていた。

「すっぽかしたら相手に悪い」「やっぱり行かないほうがいい」。心揺《ゆ》れながら、約束の日、上福岡駅へ向かった。電車が駅に着いたが、それでも席から立てずに迷っていた。

〈〝やっぱり変な事に関係しないほうがよい〟と電車のドアが開いて人々がおり始めたが知らぬ顔をしていた。発車のベルが鳴りドアのしまる合《あ》い図《ず》の笛が耳に入ったとたん私はホームに飛び出してしまった。入信《にゅうしん》してから思えば、見えぬえにしの糸に強く引っぱられたのであろうかと思われる〉（同）

これが、川越に学会員が生まれる第一歩になった。富子は妹の政子とともに学会に入る。

再起のため、最も戦ったのは婦人

冒頭に出てきた田口秀子の母、川永ゆうも、田中富子から仏法の話を聞いた。

「父の三郎は鉄工所の職人で、腕はいいのですが、東京大空襲《くうしゅう》で焼け出されて川越に来てからは、月給を前借りしては花札《はなふだ》をしにいって母を困らせていました。創価学会に入ったら父の悪いクセが治ったことを子どもも心に覚えています。

池田先生の地区講義を受けた母は、毎日のように折伏《しゃくぶく》に歩きました。私は六人きょうだいの長女だったので、よくご飯をつくって、小さい弟と妹の面倒をみました。母の口癖《くちぐせ》は『冬は必ず春となる』でした」（田口秀子）

こうした女性から女性へのつながりが、地区講義の始まった年には、すでに静かに広がりつつあった。池田は彼女たちこそが、戦後、最も苦労したのだという現実を、次のように綴《つづ》っている。

〈戦後六年――敗戦の国土の庶民《しょみん》として、生き抜くために、再起のために、最も果敢《かかん》な戦いを余儀《よぎ》なくされていたのは、婦人たちである。

彼女たちは、まことに辛《つら》かったにちがいない。それだけに、妙法《みょうほう》を持《たも》った婦人の信心は、

小江戸・川越を象徴する「時の鐘」。約400年前に創建され、度重なる焼失を経て明治27年に再建された。明治以降、川越は穀物流通の中継地、たんすや織物の生産地として発展した ©Seikyo Shimbun

捨て身であった。失意の夫の顔を見る辛さを乗り越えようと、折伏を行《ぎょう》じた。

米櫃《こめびつ》が空《から》だと知ると、それだから折伏に夢中になった。乳飲《ちの》み子を背負い、幼《おさな》子《ご》の手を引き、題目《だいもく》を唱えながら、知人、友人の家へ行った。援助《えんじょ》を請《こ》うためではなく、空腹をかかえて折伏のために歩いた。

ある婦人は、いつも、四人の子どもを連れて、折伏に励んでいるという話が広まった。背中に一人、右手に一人、左手に一人、三人の子どもは誰の目にもわかった。だが、もう一人はどこにいるのかと不審《ふしん》げに首をかしげると、おなかのふくらみが目についた。やがて生まれてくるであろう子どもが、彼女の体内で、もう一人、胎動《たいどう》していたのである。

……婦人の共感を得て、彼女たちを納得させることができないようでは、いかなる哲理《てつり》も、また信仰も、庶民に根差した力《ちから》とはなり得ない。民主主義の理想も、目覚めた婦人の高い意識と行動によって、初めて盤石《ばんじゃく》なものとなり得るのだ。それが、彼（戸田城聖）の持論《じろん》であった〉（小説『人間革命』第二版、第五巻「随喜」の章）

*

「地区講義が始まるのが夜の七時。私が教えていたそろばん塾《じゅく》が終わるのも夜の七時。塾から会場までは歩いて二十分かかる。だから毎回、雨が降っていなければ自転車を飛ばして、雨の日は走って行きました」

九十歳の尾崎里美が語る。戦争の末期に父の三次郎を亡くした。二十歳の時、母のみねを亡くした。

「母は疲れ切って、食べ物も足りなかったんだと思います。母が亡くなった時、妹が十七歳、弟が十歳でした。家は貧《まず》しかったけれども、両親は私にそろばんだけは習わせてくれていた。だから食べていくために近所の子たちを集めて塾を開いたんです」

そろばん塾を始めて二年目、創価学会にめぐりあった。

里美が地区講義に駆けつけたある日の、池田の日記。

〈午後より、雪となる。寒い一日であった。自然の、雨、嵐、雪――生命の中の、雨、嵐、雪、――皆、人生試練《しれん》の劇である。／大宇宙も十界。吾《わ》が生命も十界。故《ゆえ》に、世界に恐れるものは、ないはずである。
埼玉の川越地区へ講義に行く。八時終了。／……戦後、革命という言葉は、実に多く使われて来た。一種の流行語にさえなった。而《しか》し、人間革命という言葉は、実に意義がある。所詮《しょせん》、その革命、即《すなわ》ち、宿命打開《しゅくめいだかい》は、信仰以外なきことが、わかって来た〉（一九五二年十二月九日）

「十界」とは、一人の生命にそなわる地獄《じごく》、餓鬼《がき》、畜生《ちくしょう》、修羅《しゅら》、人《にん》、天《てん》、声聞《しょうもん》、縁覚《えんがく》、菩薩《ぼさつ》、仏《ほとけ》の生命である。この「十界」の一つずつにもまた「十界」がそなわっていることを、「十界互具《ごぐ》」という。

「先生の講義は、まだ私は学会に入ったばかりで御書をまともに読めなかったから、聞いていてもよくわからないんですけど、迫力があって、なんだか引き込まれていくんです」「なによりも、先生の題目の声。今でも耳に残っています」（尾崎里美）

*

「地区講義には、せがれを背負って通いました」という九十一歳の横山トミ。着物コンサルタントとして長く働いてきた。「先生の講義の始まる前に『どうか子どもがよく寝ますように』と題目をあげて、廊下《ろうか》でせがれを寝かせました。講義の終わる時に先生を中心に題目三唱したら、起きるんですよ」と笑顔で語る。

「当時は折伏に行くと塩をかけられたり、追い出されたり。（法華経で説《と》かれる）『悪口罵詈《あっくめり》』を身で体験しました」

トミが川越の講義に参加した日の、池田の日記。

〈心身共《しんしんとも》に、疲労。――／埼玉、川越地区に講義。――「佐渡《さど》御書」。受講者、約五十名。次第に、人材、人物が、輩出《はいしゅつ》して来た様子。

共産主義国対自由主義国、世界の二大陣営の激突に苦悩する。吾々の前進が、その第一段階の橋渡しか。

而《しか》れども、今の力なき存在では、如何《いかん》ともならず。時を待て。時を待て。同志よ。民衆よ。人類よ。――〉（一九五三年二月十日）

池田が創価学会の第三代会長として中国とソ連を初訪問するのは、この二十一年後（一九七四年）である。

「私は先生の地区講義で、生まれて初めて『哲学《てつがく》』という言葉を知ったんです。『佐渡御書』の講義は難しかったけれど、『（日蓮）大聖人《だいしょうにん》は、私たちが幸せになるために苦労されたんだ』と言われたことを覚えています。鎌倉時代の人が着ているものとか、四条金吾《しじょうきんご》が流罪地の佐渡まではるばる来られたこととか、わかりやすく話されました。

そうした講義の最中に、こう言われました。『生命の境涯《きょうがい》から言うならば、皆さんは大学で学ぶよりも立派なんです。それくらいすごい最高の哲学を学んでいるんですよ』って。なんだかうれしくってね。命が躍《おど》るというか、帰り道には鼻歌で学会歌を歌っていましたよ」（横山トミ）

喜びは連鎖《れんさ》する

吉田咲紀は二〇〇八年（平成二十年）から中国の華中師範《かちゅうしはん》大学に留学した。川越の実家から届く差し入れのダンボール箱に、祖母である小杉よしからの手紙が入っていた。留学中、それを読み、返事を書くのが楽しみだった。

届く封筒《ふうとう》の裏には、いつも「おばあちゃんより」と書かれていた。

日本の四季の移ろいや近況に交《まじ》えて、時折、おばあちゃんは川越で十二番目に学会員になったことや、婦人部のリーダーとして埼玉県内を夢中で走った思い出が、丹念《たんねん》に記《しる》されていた。

よしは、途中で便箋《びんせん》がなくなったら、地元の座談会の式次第を検討したプリントを裏紙《うらがみ》にして書き継《つ》いだ。封筒が手元にない時は、使い終わった地区の日程表を器用《きよう》に折りたたんで手紙をくるんだ。

〈おばあちゃんは先生の川越講義を受けられた一人として……〉という一文から、創価学会の歴史を知ることもあった。「死んでも信心するものか」と大反対だったおじいちゃんが、晩年は口癖《くちぐせ》のように「おれは川越一の幸せ者だよ」と言っていたことも書かれていた。

川越に学会の新しい会館ができた時――〈……病人と貧乏人の集まりとバカにされながら、水をかけられたり、塩をかけられたり、肥《こえ》だめまでかけられたりしながら、折伏につぐ折伏の毎日でした。……（会館が完成して）なんだか夢のようです〉。

小杉よしが亡くなった後、遺品《いひん》である御書を開いたことがある。とくに目を引いた一篇があった。

「生死《しょうじ》一大《いちだい》事《じ》血脈《けつみゃく》抄《しょう》」――御書（旧版）で読むと、三十行少しの短い手紙である。〃おばあちゃんの御書〃は、この三十数行のすべての行間が、書き込みで埋《う》まっていた。

冒頭の「生死」という二文字には「生老病死《しょうろうびょうし》の略《りゃく》」「人生、生活のこと」。「一大事」には「人間の生命の問題において、根本的なこと」……書き込みは、自ら講義するための備忘録《びぼうろく》にもなっていた。

ひときわ熱心に読み込まれたそのページは、小杉よしが初めて川越の地区講義に参加した時、池田が講義した箇所《かしょ》だった。

＊

小杉よしは一九一七年（大正六年）に生まれた。ロシアで革命が起こった年である。小学校の教師になった。結婚して、日本がポツダム宣言を受諾《じゅだく》した四五年（昭和二十年）の八月に長男を、二年後に長女を産《う》んだが、体調を崩し、床《とこ》から起き上がれない日が続いた。今でいう心《しん》臓《ぞう》神経症《しんけいしょう》だった。

〈一日に、二、三回も激しい動悸《どうき》に悩まされ、顔はロウのように、唇《くちびる》は真っ白になって、今にも息が絶《た》えるかと思われる苦しみ、両腕の血管は注射のあとでタコが出来て、もう注射を打つ

埼玉の総支部幹部会に出席し、参加者に語りかける池田。〝日蓮大聖人の仰せ通りに信心するならば、誰人たりとも功徳に燃えた生活ができないわけは断じてない〟と訴えた（1962年5月、大宮市〈当時〉）。©Seikyo Shimbun

すき間もないという状態でした。毎日毎日の苦しさに耐え切れず、いっその事自殺でもしてしまおうかしらと何度悩み苦しんだ事でしょうか〉（小杉よしの手記）

医師も打つ手がないとあきらめてしばらく経《た》った時だった。教師時代の教え子の一人が、お見舞いに来てくれた。彼女は創価学会の女子部員だった。よしの次女である吉田和代は「母は教員だったから、病床《びょうしょう》でずいぶん理屈をこねたみたいです。教え子の方《かた》は母を慕《した》っておられ、『どんなに理屈を言っても、病気が治りますか』と泣いて話してくださったそうです」と語る。

大雪の日、よしは創価学会に入った。五二年（同二十七年）の一月初旬《しょじゅん》だった。その月の下旬に〝会合がある〟と聞いた。川越駅前の拠点に、やっとの思いでたどりついた。その会合は、川越地区で開かれた四回目の「地区講義」だった。

よしは、池田が講義を始めても、体を起こして聞ける状態ではなかった。話もさっぱりわからなかった。ただし、「この信心は、手を合わせて拝《おが》むだけの信心じゃないんだ」ということは、はっきりわかった。

そして講義が進むにつれて――〈はじめは一番後ろのすみに小さくなって、体を心配しながらうずくまるようにしていた自分でしたが、時間がたつに従って、意味はよくわからないが、先生の確信に満ちた、凛《りん》とした声に吸い込まれるように姿勢を正し、不思議な自分になっておりました〉（小杉よしの手記）。

それは、想像もしていない心の変化だった。手記に〈その時の気持ちはうまく言い表せない……一月というのに、温かい春先のような明るい気持ちとでもいえましょうか、病気も治せるとさえ思えたのです〉と綴っている。

「春の菜《な》の花畑《はなばたけ》にいるような気持ち」「小学一年生の子どもが、遠足の前日、リュックにおやつを入れて、うれしくなるような気持ち」とも語った。

夫の賢治は戦争中、海軍省に勤めていた。天皇の乗る御召艦《おめしかん》に乗ったこともあった。弟の菊三郎を硫黄《いおう》島の戦いで亡くした。創価学会の話を聞くと、最初は「おれをとるのか、学会をとるのか」と怒った賢治も、妻のよしが変わっていく姿を見て学会に入る。

よしは最初、「南無妙法蓮華経《なんみょうほうれんげきょう》」という題目を一息で言えなかった。しかし、苦しめられて

９年ぶりに川越を訪れ、小杉よし（池田の左隣）ら功労の学会員と懇談する池田（1982年6月）©Seikyo Shimbun

いた胸の動悸《どうき》が、十日に一度、ひと月に一度、と遠ざかっていく。「もう、じっとしてられなくて」町に出た。

「自分も人も」ともに幸せになっていくのが本当の「喜び」

地区講義に参加して、教学がわかったわけではなかった。〈ただ信心した喜び〉が抑《おさ》えられなかった。

〈長いこと床に就《つ》いていた私が、町を出歩く姿に、行き会う人々がびっくりして、「まあ奥さん、亡くなったという話を聞きましたが」と声をかけられた人が何人だったでしょうか。よい折伏のきっかけができて、かたっぱしから折伏をしたものです〉

〈親戚付き合いからの除外、自分の病気との

戦い……様々ありましたが、あの日の先生の初めての講義の日の事が頭から離れた事がありません〉（小杉よしの手記）

後になって、あの地区講義の日に湧《わ》き起こった不思議な感情は、日蓮の「御義口伝《おんぎくでん》」に出てくる「歓喜の中の大歓喜」（御書七八八ページ、新一〇九七ページ、単行本『民衆こそ王者』第十七巻で詳述）だったのではないか、と思えた。

「法華経《ほけきょう》」には、信仰の喜びについて「五十展転《ごじってんでん》」という法理が説かれている（随喜功徳品《ずいきくどくほん》第十八）。

仏が滅《めつ》した後、「法華経」を聞いて喜んだ人がいた。

――それがだれであれ、年寄りでも、若くても、町へ行き、田舎《いなか》に行き、静かな所、にぎやかな所、いろいろな所へ行って、父や母、親族、友人、知人に対して、聞いた教えを、自分の力に応《おう》じて説く。

聞いた人々も喜び、次の人に教えを語る。それを聞いた人がまた喜び、教えを語る。この「喜びの連鎖《れんさ》」が五十番目の人まで至《いた》ったとしても、その人の功徳《くどく》は計り知れない――（普及版『法華経の智慧《ちえ》』〈下〉を参照）

＊

池田は「これ（五十展転）を事実の上で実践してきたのも創価学会です。弘教《ぐきょう》と言っても、たんなる理屈だけではなくて、信仰の『感激』と『確信』『喜び』を語っていくのが根本です。

それが、人の生命を揺さぶるのです」と語る（同四十二ページ）。

　さらに、「喜び」をめぐる日蓮の言葉を列挙し、こう続ける。


〈「喜《き》」とは、自他共《じたとも》に喜ぶことなり〉――（「法華経」で説かれる「随喜」の）喜とは、自分も他人もともに喜び合うことである――（御義口伝、御書七六一ページ、新一〇六一ページ）

〈自他共に智慧と慈悲《じひ》と有《あ》るを、「喜」とは云《い》うなり〉――自分も他人も、ともに智慧と慈悲があることを「喜」というのである――（同ページ）

「……自分も人も、です。『自分だけ』では利己《りこ》主義です。『人だけ』というのは偽善《ぎぜん》でしょう。自分も人も、ともに幸せになっていくのが本当の『喜び』です。戸田先生は『自分が幸福になるぐらいは、なんでもない。かんたんなことです。他人まで幸福にしていこうというのが信心の根底です』と言われた。

　その『幸せ』の内容が、この御聖訓《ごせいくん》に、きちっと示されている。『智慧』と『慈悲』です。仏界《ぶっかい》の生命です。智慧があっても無慈悲《むじひ》では、生命は閉ざされている。また、それでは、本当の智慧ではない。慈悲があっても、智慧がなく、愚《おろ》かであれば、自分も人も救えない。救えないなら本当に慈悲があるとは言えない」

「その両方が、ただ『信心』の二字に納まっているのです」（普及版『法華経の智慧』〔下〕四十

七―四十八㌻）

一対一の対話が国家主義を防《ふせ》ぐ

さらに池田は、この「喜び」が「民主主義」の土台をつくる、と訴える。

「一人から一人へ、また一人から一人へ——五十展転は最高に民主的な対話の軌道《きどう》です。

民主主義は、形式だけ、制度だけを整えればいいかと言うと、断じてそうではない。『内《ない》実《じつ》』がなければ、からっぽの箱のようなものだ。すぐに、つぶれてしまう。

『内実』とは何か。個人の自立であり、向上であり、個人の幸福です。

『一人の人間』を、どう生き生きと躍動《やくどう》させていくか。その『個人の尊厳《そんげん》』への努力なくしては民主主義は形骸化《けいがいか》する」

「民衆の『心』が空虚《くうきょ》で、からっぽであれば、民主主義の危機です。

そこに『権力の魔性《ましょう》』は、つけこむ。国家主義が黒い影を広げ始める」

「多くの社会主義国、また自由主義国も含めて世界的課題であるが、法華経こそが『個人の幸福』と『社会の繁栄《はんえい》』をともに実現していく力をもっているのです。それが『事《じ》の一念三千《いちねんさんぜん》』です。

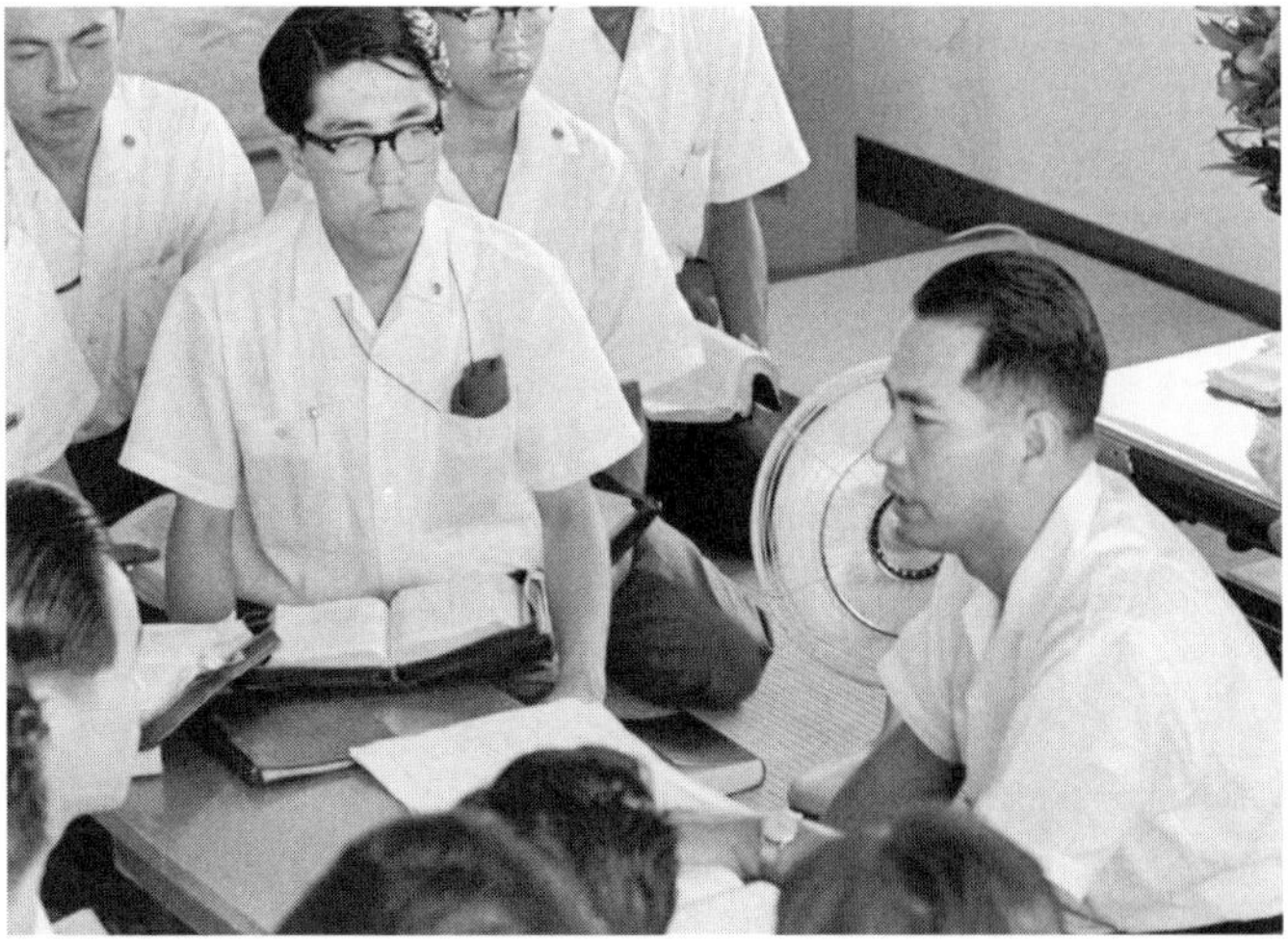

聖教新聞社で学生部の代表に「御義口伝（おんぎくでん）」を講義する池田。「本当に信心の一念があれば、学会活動にも歓喜があり、顔色だってよくなるし、仕事でも知恵が出る。また、人生の途上に障害や苦難があっても、悠々と変毒為薬（へんどくいやく）し、最後は一生成仏することができる」と述べた（1962年8月）©Seikyo Shimbun

要するに、一人の人を幸福にしたいと祈り、語っている、私どもの行動こそ、最高の民主的行動であり、民主社会の『内実』をつくっているのです」

「いくら展転し、広がっても歓喜は減ることがない。だれ一人、犠牲《ぎせい》にしない」

「〽今日《きょう》もまた　明日《あす》もまた……と学会歌を歌いながら、あの道、この道を歩きに歩きながら、正法《しょうほう》を弘《ひろ》めてきた。

苦しい時も、つらい時も、くやし涙にくれる時も、学会歌を歌えば勇気が出た。そうやって君たちの先輩は『二十世紀の奇跡《きせき》』と言われる妙法広宣流布をやってきたのです」（同四十九―五十一㌻）

小杉よしも、池田が語った通りの道

を歩んだ一人である。

ある時、隣近所《となりきんじょ》から村八分《むらはちぶ》のような扱いを受け、婦人部の先輩に「この地を離れて信心したい」と相談した。先輩は「どこへ行っても同じ。逃げないで。『創価学会の小杉よし』と、町中の人に知られるくらい強盛《ごうじょう》な信心を貫《つらぬ》くんです」と励ました。夫と話し合い、二人でさらに弘教に歩いた。

初めて地区講義に出た七年後、川越地区の地区担当員（現在の地区女性部長）になった。のちに志木支部の婦人部長、さらに狭山《さやま》方面の総支部婦人部長として、行動範囲が広がった。

まだ聖教新聞が日刊ではなかったころ、新聞の取次店《とりつぎてん》を引き受けた。川越駅に届く新聞の束《たば》を、夫の賢治が自転車で取りに行き、川越だけでなく越生《おごせ》や毛呂山《もろやま》のほうまで配った。

池田は埼玉婦人部と懇談した際、よしに「看護婦《かんごふ》さん」とニックネームをつけた。よしは、看病《かんびょう》される立場から、人の面倒をみる立場になった自分によく合っていると思った。

「留学中に届いたおばあちゃんからの手紙には、〈草創期の所沢、狭山、入間《いるま》市、飯能《はんのう》、日高の土台作りに十一年〉、派遣幹部として通い、汗を流したことが綴られていました」（吉田咲紀）

よしの娘である吉田和代は「母は一時期、西武線、東上線、川越線と、三つも定期券を持っていました」と笑う。

〈生きることにつかれはてていた〉（小杉よしの手記）という三十代からは考えられない軌跡《きせき》を歩んだ。

異体同心《いたいどうしん》の日々

小杉よしの人生が変わるきっかけになった「生死一大事血脈抄」には、「法華経」に説かれる、

〈在在諸仏土《ざいざいしょぶつど》　常与師倶生《じょうよしぐしょう》〉

という一節が引かれている。

戸田城聖はこの一節の講義で、「師匠と弟子というものはかならずいっしょに生まれるという。この大聖人様のお言葉から拝《はい》すれば、じつにみなさんに対して、私はありがたいと思う」と語っている（一九五六年の講義、『戸田城聖全集』第七巻）。

「約束があって、お互いに生まれてきたのです。……『ぼくが日本の国のぶっつぶれたころに行くから、君らもこないか』といったら、『はい、行きましょう』『そうだ、あそこで遊ぼうじゃないか、では行こうかねえ』とかいってきた（笑い）。『何になって行きましょう』『おまえらは貧乏で、商売が困る役目で出てこいよ』というわけで、みな出てきたのです。（爆笑）」

*

小杉よしは初めての地区講義で、「異体同心《いたいどうしん》」という言葉も聞いた（御書一三三七ページ、新一七七五ページ）。この有名な言葉について、戸田はこう語っている。

「これは大事なところです。異体同心とは体が違うけれども心は同じということです。その心とは何か。信心の心の字が（異体同心の）心になるのです。……おまえも苦労しているか、おまえも貧乏しているか、おまえも苦しいか、お互いに御本尊様《ごほんぞんさま》を拝《おが》もうではないか。これを異体同心というのです」

「体が異《こと》なっても信心が同じという意味です。しかし『あなたと私、異体同心だから金貸してくれ』などと、そんなのはダメです（笑い）。……そういうことに使うから、大きな間違いが起こってくるのです」（前掲『戸田城聖全集』第七巻）

　戸田の講義は組織論へと広がっていく。

「学会の組織ですが、御本尊を信ずるという点においては、会長もなければ組長（当時の最前線の役職）もありません。みな同じです。

……功徳は信心中心で論ずるもので、組織の位置をもって論ずるものではない。そこのところを、よくよく間違わないようにしてください。そうかといって、組織なんかいらないからこわしてしまうなどといったら困ります。それこそ広宣流布ができなくなってしまうでしょう。どこまでも組織は組織として厳存《げんぞん》しなくてはなりません。しかし信心というものを、人に依《よ》るということはいけないのです。（日蓮大聖人は）どこまでも、異体同心の精神がなければ広宣流布ができないとおっしゃっているのです」（同）

　戸田の薫陶を受けた地区講義の講師たちは、各地でこうした〝創価学会の基本〟を語り続け

埼玉文化会館を訪れた池田と妻の香峯子。この日行われた会合で池田は「大切なのは民衆である。会員である。会員を心から尊敬し、信頼し、耳を傾けていく。この積み重ねが勝利の源泉となる。会員を大切にした分、広宣流布は拡大する」と語った（1995年1月、浦和市〈当時〉）©Seikyo Shimbun

た。

小杉よしは、デイサービスを利用するようになってからも、孫娘に手紙を書き続けた。

どうしてもあと一人、仏法の話をしてあげたい人がいる、と綴っている。孫娘の活躍に目を細め、〈おばあちゃんも宿題がいっぱい残っているので負けられません〉と記し、自《みずか》らを励ました。

九十歳になった年、池田に宛てた手紙にも、同じ言葉を書いている。

〈……まだまだ宿題がいっぱい残っております〉

三十四歳で仏法とめぐりあい、二〇一二年（平成二十四年）、九十四歳でこの世を去るまで、真冬に初めて参加した〝地区講義の日の心〟のままに生き抜いた。

*

川越での「地区講義」の初回、池田は、先に触れた「治病抄」や「聖人御難事」のほかに、もう二篇――「佐渡御書」と「日厳尼御前《にちごんあまごぜん》御返事」――を講義している。

「地区講義」がスタートする二カ月ほど前、池田はこの二篇を、別の場所で講義したことがある。

その会合では、結核《けっかく》を克服した自分の体験談も話し、二カ所の御書講義を担当した。

二十三歳の夏、七月に訪れた地は、東北の仙台だった。

第5章「へこたれないことだ」——仙台支部

神奈川の鶴見《つるみ》や埼玉の川越《かわごえ》での「地区講義」スタートからさかのぼること二カ月。

一九五一年（昭和二十六年）夏の朝、池田大作は初めて仙台の地を訪れた。

会員宅で開かれた集い——苦境にある恩師の事業を支え、病《やまい》を克服した自分の体験を語った。

「信仰は生きる力《ちから》だ。生活の力だ。幸福になる力だ。宿命打開の力だ」

敗戦後の「杜《もり》の都《みやこ》」を舞台に、未聞《みもん》の民衆運動が始まろうとしていた。

「聖教新聞」に異例のルポが載《の》ったのは、一九五一年（昭和二十六年）の年末だった。「仙台《せんだい》支部ルポルタージュ」――見出しには〈多数の人材と融和《ゆうわ》／この支部は実力がある〉。東京の幹部三人が意気込んで向かったが、かえって自分たちが学ぶことになったという。

家事を整えながら涙ぐましい意志を示し

三日間で一般講義を八回も行い、ふだん東京で学んでいる半年分を終えてしまった。参加者の意気込みが違った。婦人部が多かった。〈家事《かじ》を整《ととの》えながら涙ぐましい意志を示し〉、これまでの折伏《しゃくぶく》の喜びや失敗談を話し込む姿に、東京の選《え》り抜《ぬ》きの幹部のほうが〈仙台支部に勉強に行った様《よう》なぐあいになり一同の熱心さに圧倒された形であった〉（一九五一年十二月十日付

1951年(昭和26年)5月ごろの仙台駅前。市電が走り、駅前の広場(右側)では多くの人が行き来している ©河北新報社

「聖教新聞」)。

まだ家庭に固定電話が普及《ふきゅう》していない時代である。首都圏以外に初めて生まれた若い支部が、想像を超えた力《ちから》をつけている。その驚きが新聞を通して各地に伝わった。

二十三歳の池田大作が初めて仙台を訪《おとず》れ、自らの体験を語り、二つの御書《ごしょ》(日蓮《にちれん》の遺文《いぶん》集《しゅう》)の講義を担当したのは、このルポが載る五カ月ほど前のことだった。

太平洋戦争の敗戦から、ようやく七年。杜《もり》の都《みやこ》・仙台もまた、アメリカ軍の空襲《くうしゅう》によって焼け野原になった都市の一つだった。

敗戦後、東北の人々の一人当たりの所得は、全国平均の七割に満たなかった。〈……都市も農村も生産力は衰《おとろ》え、更《さら》に凶作《きょうさく》まで続き、人も資源も渇《かわ》き切っていた。その姿は、戦争というものがいかに無残《むざん》な形で生の極限《きょくげん》に引きずり戻すかを如実《にょじつ》に物語っていた〉（『開けゆく新世紀　東北広布二十五年の歩み』聖教新聞社東北総支局）。

先のルポで〈団結と融和の点では模範《もはん》とすべきではないか〉〈一度仙台支部をおとずれた者は「また来たい」という気持になると思う〉と報じられた仙台。五二年（同二十七年）春には、戸田城聖《じょうせい》（創価学会第二代会長）が会長として初めて訪れる。

戸田はその時の印象を「幹部に徹底した指導があり、会員は組長を、組長は班長を、班長は地区部長を、地区部長は支部長をもりたてていく地区や支部は、りっぱな成績をあげている。その模範的なものを、仙台支部にみる。それに次《つ》ぐものが、蒲田《かまた》と鶴見《つるみ》である」とまで語った。

池田の仙台初訪問は、こうした発展の土台となった。その舞台は二軒の民家だった。

*

「まだ青葉通りも広瀬通りも砂利道《じゃりみち》でした。仙台は風が強い町ですから、砂埃《すなぼこり》が舞って大変で、〝仙台砂漠《さばく》〟と言われていました。アメリカの進駐軍《しんちゅうぐん》が幅《はば》をきかせてね。生活物資《ぶっし》は出回り始めていたけれども、失業者が町にあふれていました」

佐瀬章は高校三年生で、結核《けっかく》に苦しめられていた。大学受験もままならず、それが、家族そろって創価学会に入るきっかけになった。一九五〇年（昭和二十五年）の年の瀬である。

学会に入ってからは「なんというか、家族の気持ちが明るくなっていった」という。母親も病弱だったが、次第《しだい》に元気になった。

信心を始めてから五カ月が経《た》ち、戸田城聖が会長になったことを知り、仙台が九州の八女《やめ》とともに〝地方で初めての支部〟になったことを知るころには、章の両親も弘教《ぐきょう》に動き回るようになっていた。

自宅は元寺小路《もとでらこうじ》にあった。仙台駅から歩いて五分ほどで、よく座談会が開かれた。「他県から折伏《しゃくぶく》に来た人が、いったんうちによって、それから目的地に向かうような支部拠点になりました」。

六畳二間の簡素な会場に池田たちが訪れたのは、五一年（同二十六年）の七月十五日だった。

信仰は「生きる力《ちから》」「生活の力」「幸福になる力」「宿命打開の力」

「私が学会に入ったばかりの昭和二十六年初頭は、仙台市内に住んでいる学会員が八世帯から十世帯。石巻《いしのまき》に四世帯から六世帯、あわせて二十世帯弱でした」

「池田先生が初めて来られた時、まず午後は熊谷さんのお宅で座談会。夜は私の実家で御書講義、というスケジュールでした。先生一行は朝の七時過ぎ、夜行列車で着かれたのですが、私を含めて七、八人で出迎えました」（佐瀬章）

仙台駅はまだ、木造モルタルの二階建てだった。改札口から出てきた派遣幹部は、池田と、壮年、婦人それぞれ一人ずつの三人である。

座談会場の熊谷洋服処は、東十番丁《ちょう》の二十人町《にじゅうにんまち》寄りにあった。熊谷仙太郎は中学生だった。

「うちの家で座談会に使ったのは六畳と八畳の二間《ふたま》。満員でしたよ」と振り返る。

「私は家の外に並んだ自転車を整理しました。なにしろ当時の学会員は〝高級自転車〟に乗ってましたから。たとえばサドルのない自転車とか、タイヤのゴムがないもんだから、代わりに荒縄《あらなわ》をぐるぐる巻いた自転車とかね」。そう言って笑った。

座談会は、池田の体験談の後、質疑応答《しつぎおうとう》、御書講義と続いた。

佐瀬章は玄関の履《は》き物を整えたり、初めて来た人を案内したりで慌《あわ》ただしかったが、池田の話だけは部屋のすみで座って聞いた。

それは「自分の結核を治した体験」であり、「戸田先生の事業を再建した体験」だった。結核の話は他人事《ひとごと》とは思えなかった。

「先生の話の後の質疑応答では、いろいろな疑問、質問、悩みが出て、幅広いものでした。先生はそこでもご自身の体験を通して話されました。なかでも『信仰は生きる力だ。生活の力だ。幸福になる力だ。宿命打開の力だ。その根本が、力ある御本尊《ごほんぞん》だ』と明言されたのが、わかりやすかった。聞いていたみんなの胸にしっかりおさまった、という感じでした」（佐瀬章）

熊谷仙太郎は「両親ともに出席していましたが、『仙台（の組織）はあの日からガラッと変わった』と言っていました」と述懐《じゅっかい》する。

池田の初来仙の折に、座談会の会場となった熊谷洋服処。池田は病を克服し、事業難を乗り越えた体験を語り、８人の新たな参加者全員が入会を決意した
©Seikyo Shimbun

「特におふくろは晩年まで『青年部の班長で、目が鋭く、頬《ほお》のやせた、はっきりものを言う、礼儀正しいすばらしい青年がうちに来た。御書の講義と折伏がうまくて、新《しん》来者《らいしゃ》がみんな信心したんだ』と誇らしく話していました」

＊

仙台支部の初代婦人部長を務めた鈴木政子は、池田が戸田の事業を立て直した体験を聞いて「涙が出て仕方ありませんでした」と語り残している。

それは、経済の次元で苦汁《くじゅう》をなめた戸田城聖が、弟子の池田に支えられながら、地を這《は》うようにして危機を乗り越え、七年前に獄死《ごくし》した牧口常三郎《つねさぶろう》（創価学会初代会長）の後を継《つ》いで創価学会の会長に就《つ》くまでの体験でもあった。

仙台は、戸田が会長に就くまでの一年前後、何があったのか、誰《だれ》が支えていたのかを、最も早い段階で知ることになった地域の一つである。

池田はこの日々の意味について、次のように記《しる》している。

〈戸田の会長就任以後の飛躍的《ひやくてき》な学会の前進と、その没後《ぼつご》における急速な躍進《やくしん》も、すべて、その源《みなもと》を尋《たず》ねるならば、ひとえに（日蓮）大聖人《だいしょうにん》の仏法の偉大さによることはもちろんであるが、この苦難の歳月《さいげつ》の間に、既《すで》に決定的な種子《しゅし》の育成がなされていたといえる。

一見、なんの変哲《へんてつ》もない種子は、この時、泥《どろ》の中に深く植えられたのだが、やがて、それは芽《め》生《ば》えて、蕾《つぼみ》をもち、刮目《かつもく》すべき開花を待っていた〉（小説『人間革命』第二版、第四巻「秋《しゅう》霜《そう》」の章）

佐瀬章は熊谷宅の座談会で、参加した八人の新来者が全員入会を希望したことを覚えている。

「座談会の雰囲気《ふんいき》そのものが、それまで私が知っていたものとはだいぶ違っていました。あの座談会が終わった翌日か翌々日の夜、私の家に仙台支部の皆さんが集まって、いろいろと相談していました。話題の中心は『班長の池田さん』でした。『あの座談会はすごかった』と。『我々のこれまでの折伏のやり方は、間違っていたのではないか』と」

その話し合いは、「罰論《ばちろん》」と「功徳《くどく》論」と、どちらがいいのか、という議論になった。

「それまでの折伏は、理《り》詰《づ》めの『罰論』が多かったんです。でも先生の話は明らかに違っていた」

「夜の御書講義では、『法華経《ほけきょう》』の法師品《ほっしほん》に説《と》かれる『衣座室《えざしつ》の三軌《さんき》』という原理を教わりました。仏なき時代に、どうやって法を弘《ひろ》めるのか、という話です。先生はわかりやすく、『法師』とは『法を弘める人』であること、『折伏は楽しく、まじめに、優《やさ》しく教えればいい』『反対されてもへこたれないことだ』と。あの日以来、わが家に集まる支部の皆さんの雰囲気が〝折伏は優しく、体験談中心に〟〝あたたかく、明るくやろう〟というふうに一変しました」（佐瀬章）

＊

池田が訪れた七月からの半年ほどで、仙台支部はそれまでの三倍の規模《きぼ》に広がった。人々は

仙台支部の総会で指導する戸田城聖。仏法で説かれる「三類の強敵（ごうてき）」について、俗衆増上慢（ぞくしゅぞうじょうまん）、道門（どうもん）増上慢、僣聖（せんしょう）増上慢の３種類であり、これらとの戦いは「なかなか、口では言えてもやれないことなのです」。特に「僣聖」とは「世の中から偉い人だと思われている人が、あだをなす」動きであり、これから必ず現れると明言した（1954年10月、仙台市）©Seikyo Shimbun

仙北《せんぼく》、仙南《せんなん》にとどまらず、岩手、青森、福島にも足を運んでいく。

後年、池田は「罰論」と「功徳論（利益《りやく》論）」の関係について語っている。

「……御書には『現在に眼前《がんぜん》の証拠《しょうこ》あらんずる人この経《きょう》を説かん時は、信ずる人もありやせん』（一〇四五ページ、新一四一九ページ）――今世《こんぜ》で、眼前の証拠を現した人が、この経を説く時には、信ずる人もいることでしょう――と仰《おお》せである。

目の前の証拠、すなわち信心の『実証《じっしょう》』を示すことが、いちばん説得力がある。雄弁《ゆうべん》に、妙法《みょうほう》の正しさを教えられる。ゆえに、生活で勝たねばならない。人生に勝たねばならない。

信心の指導にあたって、牧口先生は『罰論』から入られた。戸田先生は『利益《りやく》論』。私は両方を含みながら、『実証論』を強調してきた」（一九九四年の池田のスピーチ、『池田大作全集』第八十四巻）

この〝実証論〟を、池田が首都圏以外で初めて語ったのが仙台の地だった。

「功徳《くどく》とは、現代的に言えば、『価値』であり『価値創造』」

戸田城聖を先頭に始まったこうした民衆運動は、それまでの日本の仏教界にないものだった。

非難は、思わぬところからも起こった。当時、僧俗和合《そうぞくわごう》を目指すべき立場だった日蓮正宗《しょうしゅう》

（以下、宗門）である。

「……宗門からは、学会が御本尊《ごほんぞん》に具《そな》わる功徳と罰を言いきることに反対さえ出た歴史がある。戦前の学会では、牧口初代会長が、罰論を表に折伏を開始された。それに対して、僧侶《そうりょ》のなかから批判の声が上がった。

こうした事態に対して、牧口先生は、『御本尊の中に、若《も》し悩乱《のうらん》する者は頭《こうべ》七分《しちぶん》に破《わ》る、と罰論がお認《したた》めになっているではないか』と、愚《おろ》かな批判を一笑《いっしょう》に付《ふ》された」（一九九一年の池田のスピーチ、『池田大作全集』第七十八巻）

また、敗戦後、戸田が「功徳」を論じ始めると、それにすら反対の声が出た。池田はそうした歴史を振り返り、「功徳もなく、罰もないような、観念的な信仰であるなら、民衆にとって、何の価値もない」と明言している（同）。

「功徳とは、現代的に言えば、『価値』であり『価値創造』ということです。

……『功徳』と言い『罰』と言っても、宗教の専売特許《せんばいとっきょ》ではない。万人《ばんにん》の生活は、『功徳と罰』『価値と反価値』の連続です。

商売して、売れれば『得（利）』だし、安く売って損すれば『損』、すなわち『反価値』です」（普及版『法華経の智慧《ちえ》』〈下〉十五―十八ページ）

「罰と言っても、だれかが当てるというのではなく、自分が『法に逆《さか》らった』結果です。『法に則《のっと》って』生きれば、功徳があるのと裏腹《うらはら》です。御本尊の向かって左の肩には『有供養者福過《うくようしゃふくか》十号《じゅうごう》（供養すること有《あ》らん者は福十号に過《す》ぐ）』（『法華文句記《ほっけもんぐき》』）〈法華経を供養する功徳は、十号を具《そな》えた仏を供養する福に勝《まさ》る〉と、お認《したた》めです」（同四二三ページ）

アメリカで池田は、戸田の書き残した論文をもとに語っている。

「『……利益と罰は、われわれ日常の真実の生活であり、価値生活の全体である。この尊いことを忘れておって、牧口先生がこれを説くや、おどろきあわてた連中のすがたは、いま思い出しても、こっけいのきわみである。そして、いまごろになって、むかしから知っていたような顔をしている悪侶《あくりょ》もあるのには、おどろくのである。

今日《こんにち》にいたって、なお、これを思い出さない愚侶《ぐりょ》もいるのには、おどろくというより無知《むち》を悲しむものである』（「創価学会の歴史と確信」）

僧侶は、それほど、仏法に無知で、御本尊を信じていなかったのである。そして、御書のとおりに、御本尊の御力《おちから》を実証しながら、弘教に励んだ学会を批判し、攻撃したのである」（一九九三年のスピーチ、全集第八十三巻）

＊

――仙台での座談会。池田は「日厳尼御前御返事《にちごんあまごぜんごへんじ》」という短い御書を講義した。一人の女性門下が、ある願いを立てた。その手紙に対する返信である。

〈叶《かな》い叶わぬは御信心《ごしんじん》により候《そうろう》べし。全《まった》く日蓮がとが《失》にあらず〉（御書一二六二ページ、新二一三五ページ）――（あなたの）願いが叶うか叶わないかは、（あなたの）御信心によるのです。まったく

仙台市内での会合に出席し、参加者に語りかける池田（1959年12月）。のちに池田は仙台支部について「皆、真面目であり、強い求道心にあふれていた。近くにいる人より、遠くの人の方が、吸収力の強い場合があるものだ」と綴っている
©Seikyo Shimbun

日蓮のせいではありません――

　そして「水」と「月」、「風」と「木」のたとえを綴《つづ》る。

　――「水」が澄《す》めば「月」が映《うつ》り、「風」が吹けば「木」が揺《ゆ》れるように、皆の心は水のようなものです――

　――「木」は道理のようなものです。「風」が木を揺り動かすのは、経文《きょうもん》を読むようなものです――（趣意）

　まだ創価学会がつくった御書のない時期である。池田は隣《となり》に座っていた鈴木政子に、自分の持っているテキストを貸した。そして参加者たちに向かって、祈りを叶えるのは他の誰でもない、自分自身であることを訴えた。

　僧にお金を払い、お経を唱《とな》えてもらうだけの信仰もあれば、たまにお賽銭《さいせん》を払って手を合わせるだけの信仰もある。それらとはまるで次元

の異《こと》なるものを、その場に集まった人々は感じた。

夜の御書講義では、池田は「佐渡御書」を担当した。日蓮が流罪地《るざいち》の佐渡で自らの宿業《しゆくごう》を見つめ、遠い鎌倉などの地で迫害の渦中《かちゆう》を生き抜く弟子たちに「どう生きるべきか」を説いた重書《じゆうしよ》である。

神奈川の鶴見支部で、同じく「佐渡御書」講義を受けた八木下文男は、池田が〝（日蓮）大聖人が難を受けておられる時、徹底的に戦っておられる時の御書は激しい。佐渡御書は大聖人が戦い抜いておられる時の御書です〟という話を強調したことを覚えている。

「特にここです」と、〈世間《せけん》の浅きことには身命《しんみよう》を失《うしな》えども、大事《だいじ》の仏法なんどには捨《す》つること難《かた》し。故《ゆえ》に仏になる《成》人もなかるべし〉（御書九五六―九五七ページ、新一二八五ページ）という一節を諳《そら》んじた。

「先生は『世間の浅いことには命を捨てるのに、大事な仏法のためには捨てない。あの戦争にしても、多くの青年が若い命を捨てた。しかし、大事な仏法のために誰が命を捨てたのか。ここが肝要《かんよう》なんだ』と言われました」

「毎日、毎月、毎年、まじめに」

仙台の旧・東北本部で開かれた幹部会で「経王御前（きょうおうごぜん）御書」を講義する池田。〝一人ひとりの人を、身近から、生活の上から救おう〟〝先駆者への迫害は昔も今も変わらない〟と訴えた（1962年5月）©Seikyo Shimbun

池田が初めて仙台を訪れてから三年後の秋、佐瀬章は男子部の大きな会合に出るため、東京へ向かった。

「仙台から六人ほどで上京して、まず市ケ谷《いちがや》の戸田先生の事務所に寄りました。戸田先生は『よう！　よく来たな。もうじき大ちゃんが戻るから待ってなさい』と。十分ほどで池田先生が出先から戻ってこられて、私たちに『何でも聞いてください』と言われました」（佐瀬章）

それぞれが近況を話した。章の順番になると、池田のほうから「顔色が悪いね」と声をかけた。章は左肺に穴が開いていること、仕事もままならないことを告《っ》げた。池田はまず「結核は私も経験しています」と言った。「食べるものをしっかり食べて、しっかり寝なさい。信心根本にリズム正しい生活を送れば必ず治る」と励ました。

それでも不安気《ふあんげ》な章に、池田は笑顔を見せて――人間の肺の中にある肺胞《はいほう》を広げると、畳《たたみ》何畳分《なんじょうぶん》にもなるそうだ。その一部分に穴が開いても心配ない。大丈夫だ。必ず治ると確信して頑張《がんば》れ――そう言い聞かせた。

「その後、先生は私の目をじっと見つめて、『君は今、ここで決心しなさい。〝俺は、みんなからうらやましがられるような仕事に、必ず就《つ》くぞ！〟と決めなさい』と言われたんです。ビックリしましたが、思わず『ハイ！』と返事したんです。

そうしたら、何も仕事が決まってないのに、なぜかうれしくなっちゃってね……あの瞬間の心は、不思議で、うまく言葉で言えないんですよ。先生はニコニコされて『どうだ、うれしいだろう』と。『あとはまじめに、毎日、毎月、毎年、しっかり信心しなさい。君の願いは叶う』と言われました」

そのころ、章は自動車部品の中古品を売ったり、市役所の調査員のアルバイトをしたりで、なかなか定職に就けなかった。池田との〝一瞬の約束〟の後、「祈り方が変わった」という。当時の心境《しんきょう》を〈どこか良い職があったらという安易《あんい》な気持ちでなく、何でもよい、自分に与えられた仕事としてやり切って、そこから自分の境涯《きょうがい》を開くのだという決意に変わり、仕事への第一歩を踏み出した〉と記している。

「この瞬間の生命」を、未来の結果をつくる「原因」と見る

「後になって気づいたのですが、先生はあの一瞬で、『本因妙《ほんいんみょう》』の信心について教えてくださったのだと思います」と述懐する。

「本因《ほんいん》」とは「仏になる原因」、「本果《ほんが》」が「仏の境涯」を指す。それらは本来、「妙《みょう》」――言葉で説明できない。「本因」と「本果」について、池田は簡潔《かんけつ》に語っている。

「……この瞬間の生命を、過去からの因果《いんが》の『結果』と見たら『本果妙《ほんがみょう》』の考え方になる。ああなって、こうなったから、今、こうなんだ、と。しかし、それだけでは『希望』は生まれない。（本因妙の信心は）この瞬間の生命を、未来の結果をつくる『原因』と見るのです」（普及版『法華経の智慧』〔下〕五四一ページ）

七年後、章は知人からの紹介で、政府が設立した東北開発に履歴書《りれきしょ》を出し、それから四半世紀、勤めることになる。実直《じっちょく》な仕事ぶりが評価され、定年後も嘱託《しょくたく》で残るように請《こ》われた。新潟の営業所長を七年、さらに関連会社の社長に推《お》され、十年勤めあげた。

「これまで何度か『七十歳を過ぎてあなたのように働けるのはうらやましいよ』と言われました。そのたびに、ああ、あの日の池田先生の言われたことが現実になった、と思い起こします」

＊

熊谷仙太郎は、池田の初訪問を機に、母のよねが「月月火水木金金で」折伏や会員の激励に仙台中を走り回るようになったことを、子ども心に覚えている。

父の徳太郎は、洋服の仕立ての仕事が増え、夜なべ仕事も多かった。

ふだんの会合は〝高級自転車〟を持っている人も少なく、多くの人が歩くしかなかった。「仙台から中新田《なかにいだ》（現・加美《かみ》町）まで歩いて十時間かかった」という強者《つわもの》もいた時代である。

「座談会場で遠かったのは、北山のほうに戦争帰りの人たちが住む引《ひ》き揚《あ》げ住宅があり、そこにも学会員の方が増えたんです。市電の駅を降りて、そこから北山の引き揚げ住宅まで歩くわけです。市電は夜の九時くらいで終わっちゃうから、母は北山からよく歩いて帰ってきました。夜遅くにカランコロンと元気な下駄《げた》の音がしたら、それがおふくろでした」（熊谷仙太郎）

池田が自宅を訪れた翌年、仙太郎には忘れがたい思い出がある。

一九五二年（昭和二十七年）の三月、戸田城聖が仙台を訪れた。仙台支部の総会である（二十一日）。

〈……大阪支部は、この五二年の一月十五日に発足《ほっそく》し、その活動も、やっと緒《しょ》についたばかりである。彼の全国的構想からすれば、力《ちから》をもった大支部が、今後、続々と、各地に誕生しなければならない。その先《さき》駆《が》けを仙台に見たといえよう〉（小説『人間革命』第二版、第五巻「布石」の章）

戸田が仙台入りする日の前日、仙太郎の祖母のうめよが病《やまい》で亡くなった。支部総会の日がちょうど通夜《つや》になったが、その席に思わぬ災難が転《ころ》がり込んだ。

「父親の親戚《しんせき》に日蓮宗の坊さんがいて、はるばる東京の浅草《あさくさ》から、大きな下駄を鳴らして、うちに怒鳴《どな》り込んできたんです。彼は創価学会に大反対で、学会に入る前の宗派で葬式《そうしき》を出せ、出さないなら、これまで貸した金を今、全部返せ、と怒鳴り散らしました。

お膳《ぜん》もひっくり返して、両親が本当に困っていました。その親戚は、火鉢《ひばち》を囲んでその場にいた男子部の人と法論《ほうろん》になり、『仏の出世《しゅっせ》の本懐《ほんかい》とは』と尋《たず》ねられ、答えられず、座を蹴《け》って帰りました。

両親は、明日の告別式はどうなるだろう、と困り果てて、その夜、戸田先生が立ち寄られている鎌田忠吉さんのお宅まで指導を受けに行ったんです」（熊谷仙太郎）

戸田はこの日、総会の前後の時間を使い、仙台のほとんどの幹部と一対一で話す時間をとった。懇談《こんだん》は夜まで続いた。その合間に飛び込んできた、徳太郎とよねの深刻な相談だった。

「両親の話を聞いた戸田先生は『心配するな。明日のお葬式に行ってあげる』と言われて、本当に自宅に来られたんです」（熊谷仙太郎）

翌二十二日の告別式——戸田城聖が端座《たんざ》した真後ろに、中学生の仙太郎も座った。

「戸田先生の背中は大きくて、肩幅《かたはば》が広くてね。でも痩《や》せておられて、背広《せびろ》はぶかぶかでした。あとになって小説『人間革命』を読んで、二年の獄中生活で栄養失調になっておられたことを知りました。ばあちゃんの葬式は、戸田先生がおられて、本当に心強かった。まさか家に直接来て、守っていただくなんて、誰も思っていなかったので……」

そこまで話すと仙太郎は声を詰《つ》まらせ、しばらく言葉が出なかった。「結局、あの親戚は告別式に顔も見せませんでした」。

「人」をもって「城」となす

仙台支部が誕生した二年後の秋、そして翌春の二度、戸田城聖は青年部の有志とともに青葉《あおば》城址《じょうし》を歩いている。

二度目は池田も同行し、十時からの支部総会が始まる前のひととき、仙台平野と広瀬川を望み、六十人ほどの若者たちと懇談した。東北の学会員はこの日の出会いを「青葉の誓《ちか》い」と呼び、大切にしてきた。

前野忠三もその場にいた一人である。一九二三年（大正十二年）生まれ。体が弱く、大戦中は病のため戦闘に出ることはなかった。二十二歳で敗戦を迎え、働きながら臨時《りんじ》教員の養成所に通った。数学の教師になり、定時制高校で教えた。

〈（戦争中の）勤労動員《きんろうどういん》、学徒出陣《がくとしゅつじん》などにより充分な講義もうけられず……ただ努力のみが人間形成の唯一の方法と考え〉（前野忠三の手記）、がむしゃらに努力した。〈だが、実際の青年教育はそんな生やさしいものではなく、年ごとに自分の非力《ひりき》を感ずるだけであった〉（同）。

五二年（昭和二十七年）、妻の園子とともに創価学会に入る。青葉城址で戸田から聞いた「かつての日本は城をもって戦った」「創価学会は人材をもって城となす」という言葉が、生きる指針になった。

青葉城址を訪れた戸田と池田ら（1954年4月）。池田はこの７年後、創価学会の第３代会長として同地を訪れ、「人材の城を築けと　決意ます　恩師の去りし　青葉に立つれば」との歌を詠んだ ©Seikyo Shimbun

次女の長峯ひろ子は子どものころ、忠三から算数を教わった時、戸田城聖が戦前に発刊した名著『推理式指導《すいりしきしどう》算術《さんじゅつ》』の話をよくしてくれたことを覚えている。

「私は体が丈夫でなかったので、父が自宅で遊びながら算数を教えてくれたんです。『推理式指導算術』の中身に楽しそうに触《ふ》れながら『戸田先生はこうやって算数を教えたんだよ』と話してくれました」

戸田の『推理式……』は一〇〇万部を超える大ベストセラーであり、忠三は数学者としての戸田も尊敬していた。学会の教育者の集まりである「教育部」で、東北方面の責任者を長く務めた。「青葉の誓い」とともに、もう一つ、人生の原点があった。

一九五八年（昭和三十三年）四月、戸田城聖の訃報《ふほう》をラジオのニュースで知った。〈いてもたってもいられず〉東京へ向かった。その時のことを書き残している。

〈……戸田先生の自宅を訪れ、家の塀《へい》の外からお題目をあげていました。帰ろうとしたその時に、若い青年から「どうしたんですか」と聞かれ、事情を話すと、親切にも二階に上げていただき、遺影《いえい》の前で題目をあげ、焼香《しょうこう》をさせていただきました。この若い青年が、池田先生だったのです〉（二〇〇〇年二月四日付「聖教新聞」東北版）

池田は後年、創価大学を創立する際、設立審議会の一員に忠三を推《お》した。晩年まで、折《おり》に触れて励まし続けた。忠三は定年まで定時制高校で教えた。「働きながら学ぶ青年」に関わり続けたのは、戸田と出会い、さらに池田と出会い、牧口常三郎の教育学を学んだからだった――と語り残している。

創価学会の三代の会長は、三人とも「働きながら学ぶ」環境で育ち、そのなかで自《みずか》らを鍛《きた》え、道を開いた。

忠三の家族は、忠三が事あるごとに「池田先生に出会えてよかった」と口にしていたことを覚えている。

次女のひろ子は高校生の時、仙台を訪れた池田から、会合で声をかけられたことがある（一九六九年十月三十一日）。壇上《だんじょう》での一瞬の出来事だった。

「お父さん、お母さんを大切にしてね。帰ったら『このように育てていただいて、ありがとうございます』と、床《ゆか》に手をついて言うんだよ」と言われた。

「その会合には両親も参加していましたが、先生が私の耳元で何を言われたのかは知りませんでした。私が家に戻って手をついて、先生に言われたとおりにあいさつすると、父も母もビックリしていました」と笑顔で振り返る。

「このことが、あとから笑い話として話せる時が来るよ」

仙台で池田が起こした弘教の波は、さまざまな境遇《きょうぐう》の人々に日蓮仏法を伝えることになる。

塩澤貞子は一九一八年（大正七年）、かつて伊達藩《だてはん》に仕《つか》えた名家に生まれ、何不自由なく育った。薬剤師《やくざいし》の實《みのる》と結婚し、四人の子に恵まれた。

實は五〇年（昭和二十五年）、国立仙台病院の薬局長《やっきょくちょう》だった時、アメリカの進駐軍《しんちゅうぐん》の車にはねられて命を落とす。ひき逃げだった。三十二歳の貞子と子どもたちが残された。

〈夢であってほしい、夢なら早く醒《さ》めてほしい、しかし悲しい現実でした。毎日考えることは、皆《みな》悲《ひ》観的《かんてき》なことばかりです〉（塩澤貞子の手記）

翌年の八月、知り合いから「本当に宿命を変える方法がある」と聞き、素直《すなお》に信心を始めた。

〈持病の胃病と頭痛がいつの間にかすっかり良くなっていることに気づいた時は驚きました。……不思議で仕方ありません。座《ざ》談会《だんかい》にはその道理が知りたくて、かかさず通ったものです〉（同）

次男の倬《あきら》は、貞子がシャツの行商《ぎょうしょう》や保険の外交、小さな焼き鳥屋や食堂、下宿の経営など、さまざまな仕事をしながら子どもたちを育て、折伏《しゃくぶく》に歩く姿を見て育った。

「母が信心を始めてしばらくして、亡くなった父の親族から創価学会をやめるように強く言われて、親族会議が開かれました」

猛烈《もうれつ》な反対をひとしきり聞き終わった貞子は、「わかりました。信心をやめます」と言い、次のように続けた。

「やめるのに一つだけ条件があります。私には子どもたちがいます。主人がいないので、この先、どう暮らしていけばいいか、わかりません。それを必ず解決できるというので、創価学会に入りました。もし、皆さんの中で、この子たちが一人前になるまで、わが家の経済的な面倒をみてくれる人がいるんだったら、私は信心をやめます。どなたか、いらっしゃいますか」

その場にいた誰も下を向いて返事をしなかった。貞子は「わかりました。皆さんの助けは求めません。私は自分の手で、この子どもたちを育てていきます。だから、信心だけはさせてください」と言い切った。

＊

借金に追われる日もあった。「とうとう家に一粒《ひとつぶ》の米もなくなって、たった一個のキャベツだけが食卓にのった日がありました。その時、母は『今晩の食べ物はこれしかないけれども、このことが、あとから笑い話として話せる時が来るよ。よく覚えておきなさい』と笑って言ったのです。その時の母の笑顔を今でも忘れることができません」（塩澤倬）。

一九五四年（昭和二十九年）、長男の久《ひさし》を粟粒《ぞくりゅう》結核で亡くした。十二歳だった。その二カ月後、ずっと貞子を応援してくれて、親族で唯一の味方だった実家の母親も世を去った。

以前にも増して、親族からの非難の声が聞こえてきた。「頼りにしていた長男を失い、火葬《かそう》に付《ふ》した時、あんなに激しく泣《な》き崩《くず》れる母を見たのは後にも先にもあの一度だけです。その時、母に寄《よ》り添《そ》ってしっかり腕を抱えて支えてくれたのは学会の婦人部の方《かた》でした」と倬は振り返る。

貞子の人生で最もつらい、最悪の時期だった。〈あまりの苦しさにたえかねて、戸田先生の御指導を受けに、学会本部を訪《たず》ねました〉（塩澤貞子の手記）。

その日のことを、生前の貞子は「今でも忘れることのできない思い出があります」と語り残している。

戸田城聖は「女親《おんなおや》がしっかりしていれば、家というのは大丈夫だ。あくせくせずに、福運《ふくうん》をつけるんだよ」と励ました。そして、悩むのは決して自分の他に原因があるのではないこと、人間革命する以外ないことを切々と語った。貞子はそれまで〈苦しみから何とか逃れよう逃れようと方法のみにとらわれていた〉が、〈どんな苦しみにも真《ま》っ向《こう》からぶつかり、乗り切ってみよう〉（塩澤貞子の手記）と思い始めた。

「……その日、学会本部で池田室長が向こうのほうからまっすぐ、私のところへ歩いてきて、声をかけてくれたのです。『仙台からわざわざご苦労さまでした』と深々とおじぎをされたのでびっくりしました」（一九七四年四月七日付「聖教新聞」）

これだけは覚えておきなさい

仕事に追われ、会合にもほとんど顔を出せていなかった。池田のことも「青年部のすごい人」としてしか知らなかった。しかし池田は貞子の顔を覚えていた。

「大丈夫ですよ。必ず幸せになります。がんばってくださいね」

そう言って見送ってくれた。

「あの温かい言葉がいつまでも私の胸から消えませんでした。つらい時、苦しい時、いつもあの時の先生の言葉を思い浮かべては、一つ一つ乗り越えてこられたのです」（同）

長女の矢久保郁子は述懐する。

欧州ＳＧＩ（創価学会インタナショナル）の青年部が、青葉城址で記念撮影（2018年12月）。創価学会の「人材の城」は192カ国・地域に広がる
©Seikyo Shimbun

「あのころの母は心身ともにボロボロの状態でした。何度か学会本部に行った時のことを、何年も経《た》ってから話してくれました。『本部から帰る時、いつも青年が玄関で見送ってくれた。塩澤さん、大丈夫ですよ。必ず幸せになりますよ。お子さんも立派になりますよと、心の底から励ましてくれた。それが池田先生という方だ。そのおかげでがんばってくることができた。だから、これだけは覚えておきなさい』と」

池田は折に触れて子どもの郁子たちも励ましてきた。

「池田先生とお目にかかった時、仙台でも、東京でも、必ずおっしゃることがありました。母のことです。先生が第三代会長を辞任された二カ月後、巣鴨《すがも》の会館（東京戸田記念講堂）でお会いした時もそうでした」（矢久保郁子）

池田は郁子に「お母さんは元気？　お母さんを大切にね」と言った。

郁子は、池田がさらに「お母さんを大切にね。お母さんを大切にね」と、合計三度繰り返したことが忘れられない。

貞子は第二代の仙台支部婦人部長などを歴任し、七十歳でこの世を去った。

郁子の夫の誠一は、全日空の機長《きちょう》として、現在の上皇《じょうこう》・上皇后《じょうこうごう》の沖縄訪問（一九九三年）をはじめ、各国首相など多くのＶＩＰのフライトを担当してきた。

郁子と結婚した直後、池田と懇談する機会があった。池田は誠一に「このご家族は、大変苦労されたご一家です。どうかよろしくお願いします。お母さんのこともよろしくね」と深々と頭を下げて頼んだ。

誠一は義母《ぎぼ》の貞子を大切にした。最晩年の貞子は「亡くなった息子が親孝行するために帰ってきてくれたようだ」と喜びながら、学会活動に励んだ。

池田の提案で、貞子を称《たた》える沙羅《さら》の木が仙台に、イペーの木がブラジルに植樹された。

＊

仙台支部の初代支部長を務めたのは、二十七歳の渋谷邦彦である。

支部長になる前の年、信仰に行き詰まり、就職難《しゅうしょくなん》に悩まされていた。東京の戸田城聖のもとを訪ねると、相談相手として池田を紹介され、宿と食事の世話になった。

邦彦が五日間、池田と枕《まくら》を並べて過ごしたアパートは「青葉荘《あおばそう》」という名前だった。

第6章

〝生きた法則〟を求めて——青葉荘の日々①

〈二人して　忘るることなき　青葉荘《あおばそう》〉

若き日に池田大作が暮らしたアパート「青葉荘」。質素な部屋で、五日間世話になった仙台の青年がいた。

戸田城聖《じょうせい》が「最も信頼している人物」と語った池田の人格に触れ、この青年の道は大きく開かれていく。

池田が青葉荘時代に出会い、励ました人々の歩みから、創価学会の源流が垣間《かいま》見える。

仙台から上野まで、国鉄（現・ＪＲ）の東北本線で早くて九時間、便《びん》によっては十一時間を超える長旅だった。

一九五〇年（昭和二十五年）のある日、上野駅に着いた渋谷邦彦は、新宿駅まで乗り継《つ》いだ。仙台の地で、父親と海産物《かいさんぶつ》を売っていたが、倒産《とうさん》してしまい、働き口を見つけるための上京だった。戸田城聖《じょうせい》（創価学会第二代会長）のもとを訪《たず》ねた。

「私が最も信頼している人物」

〈……当時新宿駅付近で事業をされておりました戸田先生をお訪ねしました。私から上京の経《けい》過《か》をお聞きになった先生は「よく来たな。東京はなかなか大変だぞ。しっかり頑張《がんば》れ」「ところで君は泊《と》まるところがあるのか」「なければ私が世話してあげよう。君が決して心配のいら

若き日に池田が暮らした東京・大田区の青葉荘。当時、苦境にあった恩師・戸田城聖の事業を支え、苦闘の時代を過ごした ©Seikyo Shimbun

ぬところだ。私が最も信頼している人物を紹介してあげよう。遠慮《えんりょ》はいらぬから私と思って付き合っていきなさい」〉（渋谷邦彦の手記）

二十六歳の邦彦は、戸田からそう言われ、池田大作を紹介された。

*

翌年五月、戸田は創価学会の第二代会長に就《つ》く。しかし、邦彦を迎えたこのころは、経済的に最も苦しい時期である（単行本『民衆こそ王者』第十七巻で詳述）。

孤立無援《こりつむえん》の戸田を、池田が支えていた。「昭和二十五年」は、あまりの忙しさに〈日々を振り返ることさえ、忘れていた〉という一年だった（小説『人間革命』第二版、第四巻「秋霜《しゅうそう》」の章）。

この時、池田は二十二歳。大田区大森のアパート「青葉荘《あおばそう》」で暮らしていた。

当時の日記から――

〈大宮方面に、部長と共に一日中社用《しやよう》。／帰宅、十二時。駅より、雨のため、輪《りん》タクに乗り帰る。（中略）不純《ふじゆん》と、狡猾《こうかつ》なる現実社会に、当たって砕《くだ》ける勇敢《ゆうかん》さで、努力することだ。されば必ず、一歩道が開かれる。悔《く》いは浄化《じようか》される〉（一九五〇年十月三十日、雨）

〈秋晴れ深く、菊花《きつか》芳《かんば》し。／二十二歳の人生も、余《あま》すところ二か月余となる。／午後、小学校の友人、S君の結婚式にゆく。／同期の友の妻帯《さいたい》に、自分の境遇《きようぐう》を思いかえす〉（同十一月一日、小雨）

忘れられない満面《まんめん》の笑《え》みで

世の中では十三歳の天才歌手、美空《みそら》ひばりの「東京キッド」が大ヒットしていた。

〈……右のポッケにゃ　夢がある／左のポッケにゃ　チュウインガム／空を見たけりゃ　ビルの屋根／もぐりたくなりゃマンホール〉という歌詞が、世相《せそう》を映《うつ》している。

敗戦から五年。戦争で孤児《こじ》になった子どもたちが靴磨《くつみが》きをしたり、ガムを売ったりして日銭《ひぜに》を稼《かせ》ぎ、空《あ》き地《ち》に転がる土管《どかん》にもぐりこみ、寝起《ねお》きする――そうした光景があちこちの町で日常になっていた時代だった。

〈十二時、寝る。室《へや》が寒くて、困る。火《ひ》の気《け》、全然なし。（中略）／昼、戸田先生と、日大の食堂にゆく。／民族論、学会の将来、経済界の動向、大学設立のこと等の、指導を戴《いただ》く〉（同十一月十六日、快晴）

〈……冬型の季節となる。オーバーが無い。此《こ》の冬も、オーバーなしで通《とお》そう。（中略）／帰宅、十時三十分。寒い。お茶でも飲みたい。なんにもないことが、未来の思い出ともなることだろう〉（十一月二十六日、小雨）

〈早朝に、M氏、N氏来室。少々懇談《こんだん》。出社遅《おく》れぬよう、急ぎ、バス停留所《ていりゅうじょ》まで駆け足。（中略）帰宅、十一時〉（十二月五日、曇）

〈人生は、闘争だ。／だが、闘争の中にも、休息は必要だ。／その休息の中に、次の理想を浮かべることだ。／そして、その理想の中には、必ず、個人も、社会も、大善《だいぜん》がある理想を忘れぬことだ〉（十二月十一日、晴）

　戸田と池田の師弟は、苦境《くきょう》のまっただ中にあったが、仙台から訪ねてきた若者に心を尽くして応対した。

　渋谷邦彦の娘婿《むすめむこ》である熊本利雄。「義父《ぎふ》が生前とても懐《なつ》かしそうに話してくれました。上京した時、戸田先生の事業が大変だったことは知らなかったそうです」と述懐《じゅっかい》する。

「『しかし戸田先生は、忘れられないぐらいの満面《まんめん》の笑《え》みで迎えてくださった。そして、僕の右腕だ、なんでも聞くんだよ、と言って池田先生を紹介されたんだ』と話していました」

＊

戸田城聖にとって仙台は、人生の行き先を決める分かれ道で訪《おとず》れた、青春の原点の地でもあった。

十九歳の冬、ともに投獄《とうごく》の道を歩むことになる師・牧口常三郎《つねさぶろう》（創価学会初代会長）と東京で出会った。それまで戸田は北海道にいた。夕張《ゆうばり》の真谷地《まやち》という炭鉱町《たんこうまち》で、尋常《じんじょう》小学校の教員をしていた。

この真谷地から東京に向かう時、仙台にほど近い塩竈《しおがま》に立ち寄っている。塩竈には兄の善作が住んでいた。

牧口と出会った二年後の夏、戸田は再び塩竈に赴《おもむ》き、将来について兄の善作に相談している。日記に〈我《わ》れを救《すく》ひしは牧口常三郎先生なり〉〈戸田の人生を啓《ひら》きしは……塩釜の兄の大なる後援《こうえん》あればなり〉と綴《つづ》った（一九二一年八月三十一日）。

初めての東京暮らし。戸田は働きながら学んだ。職場でも、住まい探しでも苦心した。貧《まず》しさゆえに差別されたことも、軽《かろ》んじられたこともあった。

「泊まるところがあるのか」「遠慮はいらぬ」――はるばる仙台から自分を頼って来た邦彦に、同じ苦労をさせたくなかった。

「父は東京に行った時、青葉荘の池田先生の部屋で五日間ほどお世話になりました。先生は父が寝た後、夜遅く帰ってこられて、小さな声で唱題《しょうだい》されていたそうです」（息子の渋谷嘉通）

北海道の真谷地（まやち）尋常小学校の子どもたちとカメラに納まる戸田（後列右から２人目）。戸田は教壇に立ちながら、正教員の資格を得るために勉学にも励んだ ©Seikyo Shimbun

池田の部屋は狭《せま》いが整頓《せいとん》されていたこと、本棚には文学、哲学、政治経済、科学、音楽の本が並《なら》んでいたこと、そしてどの本も読み込まれていたことが印象に残った。邦彦は「先生と寝食《しんしょく》をともにしたあの五日間は、私にとって単なる思い出というよりも、生涯の誇《ほこ》りであり、転機《てんき》の日々だった」と語り残している。

この五日間だけでは邦彦の就職活動はうまくいかなかったが、帰郷後《ききょうご》、仙台支部の初代支部長として東北各地を走り回ることになる。そのなかで大手の保険会社に就職《しゅうしょく》が決まり、生活も安定していく。

それから五十年近く経《た》った後、池田は邦彦に〈二人して　忘るることなき　青葉荘〉と句を詠《よ》み、贈《おく》っている。

＊

青葉荘時代の暮らしを、池田は団地部の会合で振り返っている。

「入信して間《ま》もなく、私は東京・大森の新井宿《あらいじゅく》で、アパート住まいをしたことがある。狭くて寒い北向きの一部屋であった。（中略）

当時、戸田前会長の事業が大変な状況下にあった。そこで働いていた私の日常も、朝は早く、夜は遅くなるというリズムにならざるをえなかった。したがって、アパートの同居者《どうきょしゃ》からみるならば――朝は早くて、夜もめったに見たことがない。いったい、この部屋にはどんな人が住んでいるんだろう……（笑い）とうわさしていたようだ。しかし、姿は見えないけれどお経《きょう》

(勤行《ごんぎょう》と唱題《しょうだい》)だけは聞こえてくるんだから、いることは確かだ(笑い)……と」

「訪ねてきた多くの同志とともに、広布《こうふ》の未来を語り、外食券《がいしょくけん》食堂にもよく出向いて食事をとりながら懇談《こんだん》もしたものである」(一九七八年六月、団地部全国大会のスピーチ)

邦彦も短い居候《いそうろう》生活の間、朝食は近所の「外食券食堂」で食べた。毎朝、池田が「外食券」を分けてくれた。

外食券の制度は、戦争中、主食《しゅしょく》である米の動きを統制《とうせい》するために生まれた。戦後も、指定された食堂以外の飲食店には主食が配給《はいきゅう》されなかった。

食糧難《しょくりょうなん》が続いていた。外食券は闇《やみ》で取り引きされ、一食分に十円もの高値《たかね》がついたこともあった。銭湯《せんとう》の入浴料が二円の時代である。

邦彦は、宿と外食券の御礼に、仙台から持ってきた米二升《しょう》(約三キログラム)を池田に渡した。

「あとになって義父は、池田先生がその米二升に一切手をつけず、そのまま戸田先生に贈られたことを知ったそうです。それから池田先生は長く、正月の御宝前《ごほうぜん》にお供《そな》えされたお米を贈り続けてくださいました」(熊本利雄)

*

池田はエッセーで、かつて戸田城聖が語った東北論を紹介している。

——青森は、「頭《こうべ》」である。

岩手、秋田は「両肺《りょうはい》」であり、「両腕」である。

宮城は「心臓」であり、「肝臓」であろう。

すると、山形は不屈の意志を蔵《ぞう》した「胎《はら》」であろうか。

そして福島は、大地に立つ「足」であり、「腰」である――（『池田大作全集』第一二九巻）

この東北地方に、日蓮仏法の種が植えられたきっかけの一つは、大学生に対する「軍事教《ぐんじきょう》練《れん》」だった。

「『我が生命』を浄化《じょうか》し、強化して、『我が生活』を向上させていく」

渋谷邦彦は太平洋戦争の最中に信心を始めた。初めて仏法の話を聞いたのは一九四二年（昭和十七年）五月、東京・代々木の練兵場《れんぺいじょう》である。

まもなく日本軍はミッドウェー海戦で四隻《せき》の空母《くうぼ》を失い、戦局が大きく傾《かたむ》いていく。太平洋戦争は、そもそも、五年前から続いている中国への侵略《しんりゃく》戦争に加え、アメリカなど多くの国々とも矛《ほこ》を交《まじ》える無謀《むぼう》な戦《いくさ》だった。

しかし、この時はまだ、半年前の真珠湾《しんじゅわん》への空襲《くうしゅう》に続き、マニラやラングーン（現・ヤンゴン）の占領《せんりょう》、ラバウルやジャワ島への上陸などが報じられ、世の中は沸《わ》いていた。

「時習学館」の前で生徒らと記念撮影をする戸田（最前列左から６人目）
©Seikyo Shimbun

大学の同級生に小平芳平《よしへい》がいた。軍事教練の合間、二人で話し込んだ。邦彦は以前から「なぜ、人間同士が戦わなければならないのか」疑問に思い、民族の歴史を学んでいた。

休憩《きゅうけい》時間はすぐに終わったが、芳平から言われた「たしかに君の研究は世界平和のために立派なことだ。しかし、もっと君自身が身近に解決しなければならない問題があるはずだ」という一言が胸に残った。

芳平に誘われて「時習学館《じしゅうがっかん》」という塾《じゅく》に足を運《はこ》んだ。それは、戸田城聖がまだ「城外《じょうがい》」と名乗っていた時代に営《いとな》んでいた私塾《しじゅく》である。時習学館の一室で、練兵場での対話の続きが始まった。この月のうちに邦彦は学会に入る。

＊

小平芳平は前年の四一年（同十六年）、夜間の塾のアルバイトを探し、時習学館の門を叩《たた》いた。牧口常三郎や戸田と出会い、信心を始める。小柄《こがら》で痩《や》せていた芳平は、戸田から「何百年も大空にそびえ立っている、あの堂々たる大樹《たいじゅ》のようになれ」と励まされた。

やがて時習学館に住み込み、国民学校初等科《しょとうか》（現在の小学校）の五、六年生を教えながら、空《あ》いた時間に日蓮《にちれん》の法門《ほうもん》に触《ふ》れることになる。

牧口は毎週金曜、学生たちを集めて日蓮の「立正安国論《りっしょうあんこくろん》」や「開目抄《かいもくしょう》」を講義《こうぎ》した。渋谷邦彦もその講義に通《かよ》った。進路を相談した際、牧口から「私について〝生きた学問〟を学びなさい。そうすれば、君の前途《ぜんと》は洋々《ようよう》たるものがあるよ」と励まされたことを語り残している。

牧口が彼らに徹底的に教えたのは、「仏法は生活法である」という点だった。わかりやすく、次のように語っている。

「生活は、すべて最初は模倣《もほう》である。他人が行《おこな》っていることを見よう見まねで、信じて生活をするのである。同様にお華《はな》でも、踊《おど》りでも、剣道《けんどう》でも、柔道《じゅうどう》でも、師匠の言う通り信じて模倣するのであり、その上に立って模倣から創造《そうぞう》に進むのである。それが生活法である」

池田は「こういう生活上の『信《しん》』は、宗教的な『信』そのものではありませんが、両者は決して断絶《だんぜつ》しているのではない。連続しています」と語っている（普及版『法華経の智慧《ちえ》』〈上〉二八五―二八六㌻）。

また「仏法は『生命の法』であるゆえに『生活法』なのです」とも論じる。

「人生は、主観視《しゅかんし》すれば『我が生命』であり、客観視《きゃっかんし》すれば『我が生活』です。どちらか一方ではない。

主観に偏《かたよ》れば唯心論的《ゆいしんろんてき》になるし、客観に偏れば唯物《ゆいぶつ》論的になる。どちらにも偏らず、『我が生命』を浄化し、強化して、『我が生活』を向上させていくのが仏法です。

また『我が生活』の改善《かいぜん》をもって、『我が生命』の向上の証明とするのです」（同〔下〕十六ページ）

牧口の生きた時代は、戦争に次《つ》ぐ戦争の時代だった。邦彦は学徒出陣《がくとしゅつじん》で徴兵《ちょうへい》されるまで、時習学館でアルバイトに励んだ。軍隊生活でマラリアにかかり、戦地を離れた。終戦は上海《シャンハイ》で迎えた。どの地でも携帯《けいたい》用の御本尊を手放さず、朝晩の勤行《ごんぎょう》は欠かさなかった。

一九四三年（昭和十八年）の七月、創価教育学会は弾圧され、組織が壊滅《かいめつ》する。しかし、戦火を経《へ》て十数年後、邦彦は創価学会の初代学生部長に就くことになる。

〝生命論の宿題〟

いっぽうの小平芳平は、徴兵のタイミングが少し遅れた。そのため、軍国主義下の政治が宗教をどうやって弾圧《だんあつ》するのか、その現実をまざまざと目に焼きつけることになった。

創価教育学会の幹部が次々と投獄《とうごく》されていった。若い芳平は、わずかに残った同僚《どうりょう》とともに時習学館の授業を担《にな》った。

学徒出陣で陸軍に入営《にゅうえい》する時、当時出版されていた日蓮の遺文集《いぶんしゅう》を一冊、持ち込んだ。

かつて牧口から、将来「創価大学」をつくりたいという希望を、そしてその大学は「総合大学」にしたいという夢を何度も聞かされていた。

その牧口も獄につながれ、自分自身は航空隊に所属し、国内の基地を転々《てんてん》とした。心を支えてくれたのは一冊の〝御書《ごしょ》〟だった。

〈戦時下《せんじか》の軍隊生活のなかでは思うように勉強することもできなかった。……しかし、そのなかで私はかたときも御書を手離《てばな》さなかった。どこに転属《てんぞく》になっても、つねに御書を携帯していた。そして、消灯前《しょうとうまえ》のひとときや、休憩時間のわずかな余暇《よか》でもムダにしないで、御書をむさぼり読んだものである〉

〈……試験勉強のためでも理屈《りくつ》を覚えるためでもない。めまぐるしく動いていく日常の生活に流されず、しっかり人生を見つめ、一歩一歩突き進んでいくための糧《かて》だったのだ。だから、御書を読まずにいられなかったのである〉（小平芳平の手記）

――御書は「今日、生きるため」「明日も生き延《の》びるため」に必要だった。戸田先生の講義を、そして池田先生の講義を、「学問」や「勉強」と思ったことは一度もない――そう語る草創の人は多い。

また芳平には、時習学館で働いていた時、戸田から言われてずっと考え続けてきた〝生命論

創価大学の正門に設置された石碑。牧口常三郎の筆による「創價大學」の文字が掲げられている（東京・八王子市）©Seikyo Shimbun

の宿題〟があった。

　学会員が毎日、勤行で読誦《どくじゅ》する「自我偈《じがげ》」の中に〈我《われ》は復《ま》た彼《か》の中《なか》に於《お》いて〉という一節がある（「我復於彼中《がぶおひちゅう》」、「法華経《ほけきょう》」の如来寿量品《にょらいじゅりょうほん》第十六）。

　——他の国土《こくど》で、私を敬《うやま》い、信ずる者があるなら、〝私はその中に出現して〟（我復於彼中）、その人々のために、これ以上ない法を説《と》く——

　という意味である。戦前、戸田はこの一節について、芳平たちに語っている。

　——お釈迦《しゃか》さんといえば、立派な仏様《ほとけさま》だと思っているが、その仏様が、われわれ凡夫《ぼんぷ》の身の中に住《じゅう》して、無上《むじょう》の法を説いている、というのだ。仏が君の生命の中に住んでおられる。これはどういうことか、しっかり題目をあげて、よくよく考えてみなさい――

それは、のちに戸田自身が「生命論」として世に問い、池田がさらに展開していく「生命尊《そん》厳《げん》」の思想の、源《みなもと》にある問いかけだった。

幸《さいわ》い、芳平は陸軍から生きて戻った。牧口、戸田、池田の三代の会長に仕《つか》えた数少ない一人である。戦後は教学運動の一角《いっかく》を支えた。のちにこう語り残している。

「牧口先生も、戸田先生も、また池田先生も、後輩に対していつも教えられたことは、〝若いうちに金や名誉《めいよ》や地位を得たとしても、それは水の泡《あわ》のようなものだ。青年時代にはしっかり自分を磨き、教学を勉強し、よい友をつくりなさい〟ということだった。つまり、一生懸命まじめに信心を貫《つらぬ》きとおしなさいということですね」

〈戸田城聖は、誰よりも信教の自由を希求《ききゅう》していた〉

太平洋戦争が終わっても、弘教《ぐきょう》の道は閉ざされたままだった。

日本の歴史上初めて「信教《しんきょう》の自由」が現実のものとなったのは、敗戦《はいせん》の五十日後。GHQ（連合国軍総司令部）がいわゆる「人権指令《しれい》」を出した一九四五年（昭和二十年）十月四日のことだった。

ＧＨＱ（連合国軍総司令部）**の庁舎だった「第一生命館」から、昼食をとるためアメリカ大使館に向かう同軍最高司令官のダグラス・マッカーサー**（1945年、東京）©アフロ

その日の戸田の喜びを、池田は生き生きと描《えが》いている。

〈……宗教そのものの勝劣《しょうれつ》、浅深《せんじん》は、宗教の広場で決められるべきであって、そこに、いささかも権力が介入《かいにゅう》してはならない。真に力《ちから》のある宗教は、信教の自由を欲し、力のない宗教は、権力と結託《けったく》しようとする。広宣流布《こうせんるふ》は、信教の完全な自由のもとでなければ、達成は困難《こんなん》である――戸田は、かねてから、そう考えていた。

今、その自由の日が訪れた。日蓮大聖人《だいしょうにん》が御在世《ございせ》当時以来七〇〇年、このような自由の時代は、ただの一度もなかった。

しかし、この信教の自由も、日本国民の声が、これを実現する力となったのではなかった。全《まった》く、他国の司令官を通しての指令によるものであった。これこそ、梵天《ぼんてん》、帝釈《たいしゃく》の御計《おんはか》らいというべきであったろう。

戸田は、事務所への道々、美しく澄《す》んだ秋空を仰《あお》ぎながら、ひそかにつぶやいた。

「梵天君、なかなかやるじゃないか」

彼は、大きく息を吸った。これから先の彼の活動を妨《さまた》げる力を、もはや国家権力は完全に失ったのだ。（中略）

「今度こそ、自由なんだ。本当に時が来た。今こそ、なすべきことをなさねばならぬ。必ずや、日本の不幸な民衆は救われるのだ。いな、絶対に救わねばならぬ」

彼は、心につぶやき続けた。わが身の自由は、そのまま広宣流布への宗教活動の自由に通《つう》じる。自身の残された生涯が、そのためにあることを、彼は深く自覚していた〉

〈この日、解放感《かいほうかん》を味わった、多数の無実《むじつ》の政治犯《せいじはん》、思想犯があった。だが、彼ほど歓喜《かんき》を深く覚えた者は、なかったにちがいない。

戸田城聖は、誰よりも信教の自由を希求《ききゅう》していた。その意義の大きさを、彼ほど自《みずか》らの体験によって、よく知っている者はなかった。彼の歓喜は、それが全民衆《ぜんみんしゅう》に、どれほど多くの幸福をもたらすことになるかを、予見《よけん》していたところから発《はっ》していた〉

（小説『人間革命』第二版、第一巻「占領」の章）

「特高《とっこう》など関係ない。俺はやる」

敗戦から三年経《た》ったころ——上海から引《ひ》き揚《あ》げていた渋谷邦彦をはじめ、東北各地に点在する学会員の間で手紙のやりとりが始まった。邦彦が小平芳平に手紙を書き、東京との連絡もつながった。

そうした数人の輪《わ》の中に、石巻《いしのまき》の吉田泰男がいた。のちに創価学会の初代石巻支部長を務め、「肉親もおよばぬほど面倒見《めんどうみ》のよい人」と親しまれた。彼もまた戦争中から信仰を貫《つらぬ》いた一人だった。

北上川《きたかみがわ》に抱かれた飯野川《いいのがわ》町（現・石巻市）で、六人兄弟の三男として生まれた。まず、長男の成田耕一が牧口常三郎と出会った。東京の保谷《ほうや》（現・西東京市）で開かれた座談会に参加し、牧口の話を聞いて信心を始めた。

耕一が弟の泰男に仏法の話をしたのは、一九四三年（昭和十八年）の春だった。泰男は陸軍の第二師団《しだん》に所属しており、仙台にいた。耕一は慰問《いもん》というかたちで弟に会いに行き、折伏《しゃくぶく》した。

それから数カ月後——耕一は牧口や戸田をはじめ、学会の幹部がすべて投獄されたことを知る。治安維持法違反《ちあんいじほういはん》と不敬罪《ふけいざい》の容疑《ようぎ》だった。

弟の身を案《あん》じた耕一は、再び泰男のもとを訪れる。

「おい、政府の弾圧が始まっているぞ」と伝えた耕一に、二十歳の泰男は「そうか。でも、特《とっ》高《こう》など俺には関係ない。信仰は個人の問題だ。俺はやる」と答えた（『開けゆく新世紀　東北広布二十五年の歩み』聖教新聞社東北総支局）。

〈多くの会員は憲兵《けんぺい》や特高警察《けいさつ》の取締《とりしま》りを恐れて御本尊様を焼却《しょうきゃく》したなどのことも、兄から聞かされましたが、私は（中略）どんなことがあっても、この御本尊様を守ってゆこうと、決意したのであります〉（吉田泰男の手記）

＊

それからの数年、学会員一人ひとりのつながりは寸断《すんだん》され、それまでのネットワークは死んだも同然になった。

敗戦の翌年、泰男は信子と結婚した。信子は「当時、宮城にはまだ学会の組織もなく、何の活動もしていませんでした」と語り残している。

わずかに生き残った信仰の炎は、「点」が集まって「線」になるように、「線」がつながって「面」になるように、大きく燃え上がろうとしていた。

池田は、青葉荘時代に垣間見《かいまみ》た吉田夫妻の姿を綴《つづ》っている。

〈……昭和二十六、七年ころから、彼（吉田泰男）はよく旧学会本部（西神田）に指導を求めて上京した。

「お、仙台のお巡《まわ》りさん、今日はだれをつかまえにきた。……ハハハ」と戸田先生が冗談《じょうだん》をいわれたことがある。

（吉田泰男は）当時、物置《ものおき》を改造した四畳半に暮らす県の警察官であった〉（『忘れ得ぬ同志』）

ある時、信子は戸田城聖から「東京に来たら必ず学会本部にいらっしゃい」と声をかけられた。

〈私服《しふく》の背広《せびろ》も買えない経済苦のなか、汽車賃《きしゃちん》を貯《た》めては夫人の信子さんと交代で、東京の豊《と》島《しま》公会堂《こうかいどう》の御書講義に夜汽車《よぎしゃ》に揺《ゆ》られて通っていた〉（同）

夫妻が足を運んだのは、豊島公会堂の金曜講義だけではなかった。池田が担当したある会合で、信子が最前列に座ったことがあった。

池田はすぐに「おや、あなたは仙台の方《かた》ですね」と気づき、「みなさん、仙台からわざわざ駆けつけてくださいました」と紹介し、周りから大きな拍手が起きた。

さらに「まだ時間は大丈夫ですか。もしよかったら、すぐ帰らないで待っていてください。次の会合もあるから、そこにも出席しましょう」と声をかけ、少しでも励みになるよう、〝体験談のお土産《みやげ》〟が増えるよう、心を砕《くだ》いた。

「仙台を頼みますよ」という池田の一言が信子の胸に残った。

「口《くち》ベタも治りますか」

信子の甥《おい》である奥武機《おくたけき》は「吉田泰男さんは、上京するたびに風呂敷《ふろしき》いっぱいの『大白蓮《だいびゃくれん》華《げ》』を買って石巻に戻ることで有名でした。戸田先生が学会本部で泰男さんを見かけると『おい、石巻からおれを逮捕しにきたぞ』と冗談を言われたそうです」と述懐《じゅっかい》する。

〈(吉田泰男は)旧学会本部で、指導される戸田先生の話を、いつもじっと聞いていたが、ふと「先生、口《くち》ベタも治《なお》りますか」と、思いつめたように彼が聞いたことがある。

「治るかどうかやってみてごらん……。でも信心は口先じゃない。みんなは君の実践する姿についてくるんだよ」〉(『忘れ得ぬ同志』)

戸田はそう言った後、日蓮が四条金吾《しじょうきんご》に送った手紙を引いた。

〈鎌倉の人々の口にうた《謳》われ給え〉——(「素晴らしい、素晴らしい」と)鎌倉の人々の口にうたわれていきなさい——(崇峻《すしゅん》天皇御書、御書一一七三ページ、新一五九六ページ)

四条金吾は、主君《しゅくん》の江間氏《えまし》を折伏したことから疎《うと》まれ、「信心を捨てなければ、所領《しょりょう》を没《ぼっ》収《しゅう》する」と迫《せま》られた。しかし、その江間氏が病に倒れ、医術《いじゅつ》に明るい金吾が看病《かんびょう》し、信頼を取り戻しつつあった。

とはいえ、周囲からの嫉《ねた》みも大きく、命すら狙《ねら》われた。日蓮は、感情が表に出やすい金吾の性格を心配しながら、「主君に尽《つ》くすことにおいても、仏法に尽くすことにおいても、世間に対する心掛《こころが》けにおいても、〝素晴らしい〟と称《たた》えられる人になってほしい」と諭《さと》す。やがて金吾は窮地《きゅうち》を脱《だっ》し、それまでの三倍の所領を得ることになる。

戸田は、石巻で初めて題目を唱《とな》え始めた泰男の奮闘《ふんとう》に、この金吾の姿を重ねた。「石巻でがんばりなさい。〝人びとにうたわれる〟とは、折伏をやりきることだ」と励ました。

「吉田さんが家を空ける時、何度か留守番《るすばん》をしたことがあります。福島だ、青森だ、北海道だ、と折伏に出かけていました」（奥武機）

*

〈彼ら（石巻の人々）は、三十キロ、四十キロの田舎道《いなかみち》を古い自転車に乗りながら弘教に走った。（中略）折伏の手は、岩手県全域、青森、福島、東京、北海道の旭川《あさひかわ》や稚内《わっかない》にまでおよんでいる。吉田さんの記《しる》したグラフで数えてみると、七年間で、じつに六千四百八十五世帯〉

（『忘れ得ぬ同志』）

〈……やがて〝創価学会の吉田〟で名がとおり「宮城県石巻市　吉田泰男」だけで手紙が届いたという話もある〉（同）

戸田城聖亡《な》き後、仙台支部の「石巻地区」が、「石巻支部」になった時、泰男が支部長に、妻の信子が支部婦人部長になった。

その任命の日は、背広を着て登壇《とうだん》した。泰男は池田から「学校はどこを出たのですか」と尋《たず》ねられた。「高等小学校です」と胸を張って答えた。

「それが人間革命の姿だ」。そう言って池田は喜んだ。「高等小学校出身の人が、大学を出た人も指導していけるんです」。この言葉が、泰男の後半生を支えた。

後年、周囲に推《お》されて宮城県の県議会議員を三期務めた。

池田は一九七八年（昭和五十三年）に泰男が亡くなった時、その十二年前に彼が高血圧症《こうけつあつしょう》で入院していたことを初めて知った。

〈私は、生前の彼が、そのような病《やまい》をかかえていたことを知らなかった。あらためて更賜《きょうし》寿《じゅ》命《みょう》のわが身を、妙法《みょうほう》流布のため、人びとのために尽くしきった彼に敬服《けいふく》せずにはいられないのである〉（同）

泰男の葬儀《そうぎ》に参列した人の数は、一〇〇〇人をはるかに超えた。当時の県知事は「あなたの誠実な人柄《ひとがら》と信念、社会福祉《ふくし》への情熱と功績《こうせき》の数々は、永久に不滅《ふめつ》の光を放《はな》ちゆくものと、県民こぞって追慕《ついぼ》申し上げる……」と弔辞《ちょうじ》を捧《ささ》げた。

石巻で美容室を営《いとな》む相沢須美子は、吉田泰男から励まされたことが人生の節目になった一人である。

「私の母が昭和二十七年に信心を始めたんですが、きっかけは二歳だった私の喘息《ぜんそく》です。母は吉田さんから『今、種《たね》を植えるんです。桃栗《ももくり》三年、柿《かき》八年。子どもに福運《ふくうん》を残すんですよ』と

仙台市の宮城県スポーツセンターで開かれた東北の幹部会に出席した池田。フランスの文豪ビクトル・ユゴーの言葉を通して〝大海よりも、大空よりも壮大なる人間の心を開いていくものは、東洋哲学の真髄たる、人間性復興の宗教、日蓮仏法である〟と語った（1967年7月）©Seikyo Shimbun

言われて、本気になりました」

*

須美子は高校を卒業した後、東京の美容学校に入り、江戸川区の平井で働いていた。「ある日、吉田さんが、東京で県議会議員の研修があったから、と言って、わざわざ研修の合間に平井まで訪ねてくださったんです。お店の先輩にも丁寧《ていねい》に頭を下げてくださって。本当にびっくりしました。池田先生の指導を引いて『二十三歳までに美容師としての〝目鼻《めはな》〟をつけるんだよ』と励ましてくれたんです」。

須美子は二十三歳の時、美容師のコンクールに出て賞を取った。宮城県の美容技術選手権大会で十年連続優勝し、フランスで行われた国際大会に日本代表として出場したこともある。

「吉田さんは温厚《おんこう》で、最後まで徹底して面倒《めんどう》をみる人でした。そのおかげで今日までがんばってこれました」

須美子がハサミを持つ「藍《あい》美容室」は、二〇一一年三月十一日の東日本大震災で津波にのみ込まれた。それからの苦闘の日々を、池田は『女性に贈る　１００文字の幸福抄』（主婦と生活社、二〇一二年）というエッセー集で紹介している。

〈高校生の乙女《おとめ》の頃から四十年以上にわたって、私と妻が見守ってきた東北の女性がいます。（中略）／絶望《ぜつぼう》の淵《ふち》から、彼女はたくましく立ち上がり、打ち続く余震《よしん》の中、一カ月後には店を再開しました。後継《あとつ》ぎの息子さんも一緒です。／気がつけば、これまでの労苦《ろうく》もすべて、悩

める友への励ましの光となって生きています〉（まえがき）

須美子は自宅の二階を仮店舗《かりてんぽ》にして営業を再開。二十六年ぶりにヘアカラーコンテストに参加し、全国大会まで進んだ。

しかし大震災の三年後、集中豪雨《ごうう》による洪水《こうずい》に襲《おそ》われ、再び店が床上浸水《ゆかうえしんすい》してしまう。池田がエッセー集に記した一文が、須美子の心を支えた。

〈……被災地に蘇《よみがえ》った美容室の大きな鏡には、負けない不屈《ふくつ》の微笑《ほほえ》みの花が今日も咲《さ》いているに違いありません〉

美容師の仲間や多くの学会員が復旧《ふっきゅう》作業を手伝ってくれ、再開にこぎつけた。

「昭和五十八年、北海道の大沼で『華冠《かかん》グループ』（美容関係に携《たずさ》わる女子部の集い）の研修がありました。その時にうかがった〝『使命』とは『命を使う』と書く。命がけで戦いなさい〟という池田先生の言葉が、私の美容師としての指針です」と語る。

＊

池田が青葉荘時代に出会い、励まし続けた人々の多くが、その後の創価学会の土台となり、礎《いしずえ》になった。

〈信仰――多くの人が、実行し、多くの人が、知っている大切な言葉。そして、多くの人が、遠ざかろうとする意義。（中略）

必ず、生活の上の現象、体験が、幸福と現れなくてはならぬ。なお、時と処《ところ》を選ばず、誰

人にもあてはまる普遍性《ふへんせい》が存《そん》しなければいけない。　生きた法則でなくてはならない〉（一九五〇年六月十六日の池田の日記）

〝生きた法則〟をつかもうとする二十代の日々が生み出した、深まりと広がり。さらに追う。

第7章

縁《えん》した人を忘れない

――青葉荘の日々②――

「隣室《りんしつ》の子供をはじめ、数人の子等《こら》と遊ぶ。一晩中《ひとばんじゅう》、嬉《うれ》しそうに、騒いでいた」――日記にこう綴《つづ》った一九五〇年（昭和二十五年）、池田大作は苦境にあった恩師・戸田城聖《じょうせい》の事業を支える一方、アパートの隣人たちと交流を重ねる日々だった。

時には子どもたちを部屋に招き、『三国志』や『水滸伝《すいこでん》』のロマンを話して聞かせた。

若き日に池田が過ごした東京・大田区の「青葉荘《あおばそう》」で育《はぐく》まれた、幾重《いくえ》にも広がる出会いのドラマを追う。

「大森の駅から新《あら》井宿《いじゅく》のほうにまっすぐ歩くと、青葉荘《あおばそう》に着きます」

福岡の博多に住んでいた佐藤則子は、子どものころに過ごした東京・大森での日々を細かく覚えていた。

「終戦直後で、うちの家は子だくさんで貧乏《びんぼう》。私は五人きょうだいの真ん中で、長女でした。青葉荘に家族七人で暮らしていました」

「疲《つか》れてならない。題目《だいもく》しかない」

父の國次《くにじ》は東急バスの運転手だった。母のきみは心臓を病《や》み、床《とこ》に臥《ふ》せっていることが多かった。

青葉荘時代、子ども心にとりわけ印象に残ったのが、隣《となり》の部屋に引っ越してきた「池田のおじさん」だった。「当時の私は九歳で、二十二歳の池田先生のことを『池田のおじさん』と呼んでいました。青葉荘の子どもたちはみんなそう呼んでいました」。

則子の母親である松島きみ。「貧乏な主婦の私に名刺《めいし》を差し出され、きちっと挨拶《あいさつ》されたさわやかな姿。今でも忘れられません。名刺には『池田大作』とありました。それが先生との初《しょ》対面《たいめん》でした」と語り残している。

——当時の池田の日記から。

〈仏になる道には我慢偏執《がまんへんしゅう》の心なく南無妙法蓮華経《なんみょうほうれんげきょう》と唱《とな》へ奉《たてまつ》るべき者なり。（法華初心成仏抄《ほっけしょしんじょうぶつしょう》、御書《ごしょ》五五七ページ、新七〇四ページ）疲《つか》れてならない。題目《だいもく》しかない。（中略）／事業は、劇《げき》の如《ごと》く、戦争の如し。／夜、少々早めに帰る。実家の安否《あんぴ》を、しきりと念《おも》う。

隣室《りんしつ》の子供をはじめ、数人の子等《こら》と遊ぶ。一晩中《ひとばんじゅう》、嬉《うれ》しそうに、騒いでいた〉（一九五〇年五月十日、小雨）

大森一帯は下町の気質《きしつ》が豊かで、近所づきあいは気軽で、活発だった。お隣から醤油《しょうゆ》などを借りるのは日常茶飯事《にちじょうさはんじ》である。風呂は銭湯《せんとう》に行く人が大半で、内風呂《うちぶろ》（家庭で沸《わ》かす風呂）のある家の近くでは「もらい風呂」の交流もあった。「子どもを地域で見守る」ことが、ありふれた時代だった。

*

青葉荘は二階建て、洋風のアパートである。全部で三棟《とう》あり、コの字型の左側が一号館、右側が二号館、奥が三号館。それぞれに三十世帯ほどが住み、池田の部屋は三号館だった。

「戦争が終わって、集団疎開《そかい》していた人たちが東京に戻ってきて、青葉荘の周りも子どもの数が増えました」と佐藤則子は語り残している。

「青葉荘の中庭《なかにわ》で、一番上の兄の忠《ただし》がウサギを飼っていました。そのウサギ小屋を先生がよく見に来られました。

二番目の兄の貞夫は、近所の子ども会のリーダー的な存在でした。先生は朝早く出て夜遅く帰ってこられるので、なかなか部屋におられませんが、たまたま時間がある時は子どもたちを呼んでくれました。すると兄が『今日は池田のおじさんいるよ。遊びに行こう』と。先生の部屋で順番に歌を歌ったり、劇をしたり。兄たちはよく大森日赤《にっせき》（現在の大森赤十字病院）の目の前にある『日《ひ》の出《で》湯《ゆ》』に一緒についていきました」

則子の弟である松島勝利は「先生の部屋で三国志や梁山泊《りょうざんぱく》（水滸伝《すいこでん》）の劇をするんですよ、先生に教えていただいて。部屋の窓を開けてあるから、近所の人も見に来ていました」と語る。

〈可愛《かわい》い子等は、人生のオアシスだ。／尊い、幼少の子供等を、万人が、お互いに大事にしてゆけば、自然に、戦争回避《かいひ》の一大思想になると思うが〉（一九四九年十月三十日）と綴《つづ》る池田にとって、子どもたちと開く〝交歓会《こうかんかい》〟は一人暮らしの楽しみの一つだった。

1952年（昭和27年）当時の国電大森駅周辺の様子 ©毎日新聞社

「煮《に》ても焼いても食えない」"しぶとい"指導者に育て

ある日の池田の日記――日蓮《にちれん》の「撰時抄《せんじしょう》」の抜《ぬ》き書《が》きから始まっている。

〈人路《ひとみち》をつくる路に迷う者あり作る者の罪となるべしや良医《ろうい》・薬を病人にあたう病人嫌《きら》いて服《ふく》せずして死せば良医の失《とが》となるか〉（御書二五七ページ、新一六一ページ）

これは、"愚《おろ》かな人が、説《と》かれた法を罵《ののし》って悪道に墜《お》ちてしまった場合、法を説いた人に罪があるのではないか"という問いに対する答えである。

――たとえば人が道を作り、その道に迷う人がいる。それは、道を作った人の罪だろうか。また、良い医者が薬を病人に与え、病人はその薬を嫌って飲まずに死んだとしたら、それは医者のせいだろうか——

　後年、この譬喩《ひゆ》を通して池田は青年部に語っている。

「……いつの世にも、先人が苦労して切り開いた道を、何の感謝もなく偉《えら》ぶって歩いていくだけの傲慢《ごうまん》な人間がいる。そうした人間にかぎって、自分の過《あやま》ちで道に迷ったのに、それを人のせいにしていくものである。

　そのような人生はあまりにも卑《いや》しい。愚劣《ぐれつ》な生き方であり、またむなしいものだ。諸君は、何かあると責任を人に転嫁《てんか》するような生き方だけは絶対にしてはならない。みずからの使命と責任で、自分らしく道を開き、後世のために残していく一生であっていただきたい」

「諸君は、気の弱い、臆病《おくびょう》な、神経質《しんけいしつ》な青年であってもらいたくない。よい意味での『煮《に》ても焼いても食えない』というか（爆笑）、〝しぶとい〟〝骨太《ほねぶと》い〟たくましい青年に、指導者に育っていただきたい」（一九八八年のスピーチ、『池田大作全集』第七十一巻）

　日記には、この「撰時抄」の抜き書きの後、〝青葉荘の子どもたち〟が登場する。

〈久しぶりに、ゆっくりとした日曜日を迎えた。友人と朝風呂にゆき、朝食を取る。外食券《がいしょくけん》食堂にて。

　アパートの子供等に、大森駅前の店にて、おもちゃを買って与える。嬉しそう〉（一九五〇年五月二十一日、晴）

　佐藤則子は「あの日はいろんなおもちゃを買ってくださって、私がいただいたのは瀬戸物《せともの》のリンゴの貯金箱《ちょきんばこ》でした」と振り返っている。「貯金箱だと知らなくて、先生から『家に帰ってから食べなさい』って言われて、本物のリンゴだと思って家に持って帰ったんですよ」。そう言って笑った。

「先生は子どもが大好きで、時間がある時は呼んでくださった。そんななかで、みんなにおもちゃをくださったんです」

「私は事業に負けたが、人生に負けたのではない」

「一人住まいというのは不便《ふべん》なものだ」――池田は団地部の会合で、慣れない家事に戸惑《とまど》った青葉荘の日々を振り返っている（一九七八年、団地部全国大会）。

「……自分でご飯《はん》も炊《た》いたこともあるが、どうしても軟《やわ》らかく炊けない。また、あるとき、ふとんが切れたので自分で縫《ぬ》った。それで夜になって床《とこ》につき、どうもチクチクして痛いと思ったら、ふとんの中に針が入っていた（爆笑）」

「いまとはちがって、当時の大森の地域には蚊《か》がいっぱいいた。この蚊にずいぶん痛めつけられたのも懐《なつ》かしい思い出である。あとで考えてわかったことだが、他の同居者は、みんな蚊帳《かや》をつっていた。そこにいくべき蚊がぜんぶ、私のところにきて痛めつけたわけである（爆笑）」

夏が過ぎ、秋になったころの池田の日記には〈帰宅、十一時過ぎ。蚊が少なくなって助かる〉という一文がある（一九五〇年九月二十二日）。朴歯《ほおば》（ホオノキで作った厚い下駄《げた》）を鳴らし、悠然《ゆうぜん》と歩く池田は子どもたちの人気者だったが、蚊には悩まされた。

「また、アパートに入って二年目の九月にこういうこともあった。蚊を退治するには蚊取線香《かとりせんこう》がいいということで、それを買ってきた。なるほど、その晩はぐっすり眠れた。ところが、なんとなく温かく煙《けむり》につつまれているような夢を見た。と思った次の瞬間、はっと目を覚ましてびっくりした。蚊取線香が一箱ぜんぶ灰になり、部屋中もうもうたる煙につつまれていたのである。（爆笑）

いま振り返ると笑い話になってしまうが、忘れえぬエピソードである。当時、前会長（戸田城聖）のもとにあった私は、学会が再建《さいけん》できるかどうかという壮絶《そうぜつ》な渦中《かちゅう》におかれていた。毎日が無我夢中《むがむちゅう》だったといってよい」

――それは、「いつ春が来て、いつ冬が終わったかもわからない。断崖絶壁《だんがいぜっぺき》を歩むような日々」（二〇〇八年の池田のスピーチ）だった。

戦争中の弾圧によって壊滅《かいめつ》した創価学会を、再建できるかどうか。その行方《ゆくえ》のすべてを、戸田と池田の師弟が背負っていた。それが「昭和二十五年」の夏から秋にかけての状況だった。

「私は大人になって小説『人間革命』を読んでから、大変な時に青葉荘の子どもたちに気を使ってくださったことがわかりました」（佐藤則子）

鹿児島の九州総合研修所（当時）を訪れ、復元された青葉荘の部屋を見つめる池田と妻の香峯子。「懐かしいね。昔の下宿時代を思い出しました」――池田は部屋の復元を手がけた有志に感謝の意を伝えた（1976年8月）©Seikyo Shimbun

信仰とは〈時と処《ところ》とを選ばず、誰人にもあてはまる普遍性《ふへんせい》が存《そん》しなければいけない。生きた法則でなくてはならない〉（同六月十六日の日記）――その〝生きた法則〟を、池田は五体に刻《きざ》もうとしていた。

＊

戸田城聖は、手がけていた信用組合の事業が傾《かたむ》き、創価学会の理事長から身を引《ひ》こうとしていた。「私は事業に負けたが、人生に負けたのではない」と語り、再起の道を探っていた。池田はその信用組合をはじめ、戸田の事業のすべてを支え続けた。

〈朝、先生と御一緒《ごいっしょ》に勤行《ごんぎょう》。朝食も、先生と二人で、食《しょく》す。奥様も、お疲れの様子。先生は、厳然《げんぜん》と、事業家の一度や二度の失敗で、落胆《らくたん》するとは、大なる過《あやま》ちなりと戒《いまし》めていらっしゃる〉（一九五〇年八月二十七日の池田の

日記)

信仰者が社会で敗《やぶ》れ、事業で苦汁《くじゅう》をなめた時、どうやって立ち上がるのか。その苦しみが、小説『人間革命』に描かれている。

〈……戸田は、事業の始末《しまつ》について、どんな非難《ひなん》にも、耐《た》え忍《しの》ぶことができたが、その非難が(日蓮)大聖人《だいしょうにん》の仏法に及ぶことは耐えられなかった。

彼が、信用組合の問題で、どんなに苦しんだとしても、これは、あくまで世法上《せほうじょう》の苦悩《くのう》にすぎない。

なるほど、容易《ようい》ならぬ苦闘《くとう》ではあったが、それに信仰上の問題がからんだ時、彼の苦痛は、救いがたいほどに濃度《のうど》を増《ま》したのである。

彼は、この苦衷《くちゅう》を、誰《だれ》にももらさなかった。彼の身一つで耐えなければならないことであったからである。戸田の極度《きょくど》の精神的苦悩《くのう》は、彼の体にも影響を与えずにはおかなかった。

季節は移り、夜ごと、涼《すず》しさを増す秋となったが、彼が、朝、起き立った寝床《ねどこ》を見ると、シーツに等身大《とうしんだい》の汗の跡《あと》が、くっきりと残っていた。妻の幾枝《いくえ》は、ただ心を痛めるばかりで、どうすることもできなかった。恐ろしい日が、続いていた〉(小説『人間革命』第二版、第四巻「秋霜《しゅうそう》」の章)

「生命力が弱っては戦《いくさ》は負けだぞ」

そんななか、戸田は痩《や》せた池田（小説では山本伸一）の体を案《あん》ずる。

〈「……生命力が弱っていては、戦《いくさ》は負けだぞ。一緒に来なさい」

戸田は、伸一を叱咤《しった》しながら二階に上がり、御本尊《ごほんぞん》の前に座った。真剣な勤行が始まり、唱題《しょうだい》が続いた〉（同）

池田にとって、思いがけない励《はげ》ましだった。戸田自身が誰よりもつらく、憔悴《しょうすい》しているのだが、それでもなお、弟子を励まそうとする姿に胸を打たれた。

京浜《けいひん》東北線の大森駅を降りて青葉荘に帰る道は、山王《さんのう》二丁目あたりでゆるい坂道がある以外は、平坦《へいたん》な池上《いけがみ》通りを歩く。この日の夜、谷中《やなか》通り（現・環状七号線）を横切り、大森区役所（現・大田文化の森）を過ぎても、戸田に対する感謝の念は高まるばかりだった。池田は和歌を詠《よ》んだ。

古《いにしえ》の
奇《く》しき縁《えにし》に
仕《つか》へしを

人は変《かわ》れど
　われは変らじ

そして、この一首を記《しる》した小さな紙を戸田に渡した。

〈戸田は、近視《きんし》の目を、紙にすりつけんばかりにして、それを見た。

「うん、わかっている」

一瞬、戸田の表情は厳しくなり、また、すぐ笑顔になって伸一を見た。

四面《しめん》に楚歌《そか》を聞き続けていた戸田には、今、この健気《けなげ》な一首の歌が、言い知れぬ喜悦《きえつ》をもたらしたのであろう。彼は、何度も読み返しながら、瞬間《しゅんかん》、四面の楚歌を忘れていた。

「よし、ぼくも歌をあげよう。返し歌だ。紙はないか……。さて……」

戸田は、ペンを手にすると、しばらく思いをめぐらしていたが、さっと、勢いよく認《したた》めた。

幾度《いくたび》か
　戦《いくさ》の庭に
　　起《た》てる身の
捨てず持《たも》つは
　君の太刀《たち》ぞよ

戸田城聖のそばには、いつも池田の姿が。創価学会青年部の参謀室長として、池田は学会発展のために奔走する日々だった（1954年、静岡・富士宮市）
©Seikyo Shimbun

「これをあげよう」

伸一は、両手を差し出して、その紙片《しへん》を受け取ろうとした。だが戸田は、その紙片を渡そうとしなかった。

「待て、待て、もう一首あるんだ」

戸田はペンを握ったまま、しばし動かなかった。やがて手を動かしたと思うと、さらさらと、もう一首の歌を書いた。

色は褪《あ》せ
力《ちから》は抜けし
吾《わ》が王者
死すとも残すは
君が冠《かんむり》

「さあ、これで、いいだろう」

〈戸田の顔は、喜んでいるようにも見え、寂《さび》しそうにも見えた〉（同）

＊

　青葉荘で迎えたお正月の朝――隣室の松島きみが、一人暮らしの池田の健康を案じ、一家団《だん》欒《らん》の席に招《まね》き、雑煮《ぞうに》を振る舞ったこともあった。

「母は心臓が悪くて、起き上がれない日も多かったんです。池田先生は母に会うたびに信心の話をされていたようです」（松島きみの三男、松島勝利）

「義母《ぎぼ》は『先生の部屋に煮物を持っていくと、お返しに、きれいにカットしたケーキを持たせてくれたことがあった。あれが忘れられない。若いのに義理堅《ぎりがた》い人だった』とよく言っていました」（松島勝利の妻の多喜子）

　佐藤則子や松島勝利ら、当時の子どもたちが強烈《きょうれつ》に覚えている出来事がある。

「うちの家族は、青葉荘の少し離れた部屋に住んでいたおばあちゃんと懇意《こんい》にしていました。そのおばあちゃんが亡くなった時、貧しかったからか、部屋でするはずの葬儀《そうぎ》に坊《ぼう》さんが来なかった。近所の人も困っていたところ、ある人が母に『松島さん、お隣の池田さんはいつもお経をあげているから、頼んでみたら』と言ったんです」（松島勝利）

　突拍子《とっぴょうし》もない頼みだったが、たまたま時間の空《あ》いていた池田は快《こころよ》く引き受けた。

「青葉荘の狭い部屋での葬儀でしたが、先生はご遺体《いたい》の頭のほうに正座《せいざ》されて、朗々《ろうろう》と題目をあげてくださいました」（佐藤則子）

東京の西神田にあった創価学会の旧本部。この建物には戸田が営む信用組合の事務所も入っていた（1953年）©Seikyo Shimbun

「先生はご自分の部屋の御本尊をその部屋までお持ちになって、あまりに立派な勤行と唱題だったんで、母も近所の人も『坊さんよりすごい』と驚いていました」（松島勝利）

一度、縁《えん》した人を絶対に忘れない

池田は青葉荘の日々について、「アパート生活は、私の人生に忘れぬかずかずの思い出を刻ませてくれた。ゆったりとしたおつきあいをすると、まことに人《にん》情味《じょうみ》の深い友情が培《つちか》われることも知った」と語っている（前掲、団地部の会合でのスピーチ）。

佐藤則子は「先生がご結婚された時、

母を呼んでくださいました。〝青葉荘時代の最も苦しい時に、最もお世話になった方《かた》〟ということで。母が亡くなった時にも、先生ご夫妻からさまざまな激励が届きました」と語る。

池田が結婚した時、きみは創価学会に入っていない。池田に折伏《しやくぶく》されていたが、池田が青葉荘を出てしばらく経《た》ってから、家族で信心を始めた。

「先生ご夫妻が小林町に移られた後も、母に『いつでも遊びに来てください』と声をかけていただきました。ある時、先生が体調を崩されたと聞いて、母が急いで自宅にあったシワシワのみかんを持って行くと、逆に先生の奥様からツルツルのきれいなみかんをいただいてしまって、恐縮《きようしゆく》して帰ってきたこともありました」（松島勝利）

＊

佐藤則子が東京の北区で婦人部の本部長をしていた時、池田が西ケ原の旧古河《ふるかわ》庭園を訪れたことがある（一九八八年十一月十五日）。短い懇談の時間があった。則子が「青葉荘にいた松島の娘です」と言うと、池田は「大きくなったねえ！」と喜び、「お母さんによく似てきたね」と語った。

また、松島勝利の息子である孝久は創価大学の学生時代、卒業間近の冬の日に、文系校舎《ぶんけいこうしや》A棟《とう》のロータリーで池田とばったり会った（一九九四年二月二十八日）。

背広《せびろ》を着ていた孝久に池田は「学生？　職員？」と声をかけ、孝久が学生であることを告《つ》げると「名前は？」と尋《たず》ねた。

旧古河庭園を訪れた池田夫妻（1988年11月、東京・北区）。この日、創価学会の東十条会館も訪問した池田は、「堂々と祈り祈りて　この世をば　功徳の満開飾りて楽しめ」と和歌を詠んで贈った ©Seikyo Shimbun

孝久は「青葉荘の、松島の孫です」と応じた。その一言を聞いた池田は「いつも題目を送っています」と、若き日の恩人の一家に伝言を託《たく》した。隣にいた妻の香峯子《かねこ》は「おばあちゃん、元気にしていらっしゃるの？」と尋ね、孝久の顔を見つめて「おばあちゃんに似ているわねえ」と微笑《ほほえ》んだ。

やりとりは一瞬だったが、孝久にとっては、四十年以上前の日々を瞬時《しゅんじ》に思い出す池田と香峯子の素顔《すがお》に触れる、忘れがたい一瞬になった。「先生は、絶対にお忘れにならないんでしょうね。一度縁《えん》した人のことを」と述懐する。

＊

「私は青春時代、大田区の大森にある『青葉荘』に住んでいた。その狭い一間《ひとま》が〝座談会〟の会場となった。あまりに狭くて、太った人が来ると、もういっぱい（笑い）。立って話を聞いている人もいたほどである。

当時、私が折伏した方が、今もお元気で、広布の庭で、ご一家で活躍されているとうかがった。

同じアパートに住んでいて、後に入会された方もいる。信心の後継者《こうけいしゃ》を立派に育てている」

（二〇〇五年の池田のスピーチ）

八木安久作《あぐさく》とトク子は、青葉荘の二号館に住み、池田との対話がきっかけで創価学会に縁した夫妻である。

宍戸田鶴子《たずこ》は、池田が青葉荘を出た翌年、安久作とトク子の養女《ようじょ》になった。のちに大田区の学会婦人部のリーダーとして活躍する。池田との懇談で、その場にいた人たちが「どこで入会したか」を順に話す機会があり、田鶴子は青葉荘で入会した旨《むね》を伝えている。

「青葉荘の人たちは、先生のことをよく『池田青年』と呼んでいたそうです。若いけれども人柄がいい、何でも話を聞いてくれる人、という評判で、先生が銭湯から戻ってくる時、朴歯《ほおば》のカラコロという音がすると『あ、池田青年が帰ってきた』と言っていたそうです」と田鶴子は語る。

「私が両親から聞いて一番印象に残っているのは、父が入会した時のことです」

〝少人数なり。そこに修行《しゅぎょう》あり〟

それまで父の安久作はさまざまな宗教を試してきた。当時は、同じ南無妙法蓮華経を唱える別の宗教に入っていた。

「母は父のことを先生に話しました。先生は母に『八木さん、同じ南無妙法蓮華経でも、天と地の違いがあるんだよ』と言って、丁寧《ていねい》に話してくださいました。母が父にそのまま伝えると、父は意外にも『そうか、天地の差があるのか』と言って素直に学会に入りました」

「両親は、先生から近所の座談会に誘われたり、先生のお部屋での座談会に参加して、後ろのほうで話を聞いたりしていたそうです。まだ学会に入っていない時からです。いろいろなことを相談していたようで、両親の悩みは子どもがいないということでした。

母から相談された先生は『信心すれば、必ず幸せになります』と断言されました。そして『子どもがいなくても、学会の中には男子部や女子部がいっぱいいますよ』『そういう人たちをかわいがっていけば、必ず守られますよ』と言われたそうです」

「そうした対話の中で先生は、決して『入会しろ』とか『学会に入れ』とかおっしゃらなかった。しかし、大事なことは教えてくださった。私が養子に入った後、母は『あんたがうちの娘になったのは、ほんとうに池田先生のおっしゃったとおりだった』と何回も言っていました」

安久作とトク子は学会に入った後、蒲田支部の御殿山《ごてんやま》地区を担当した。

――当時、御殿山地区は折伏ができなくて〝御《ご》しんがり（最後尾《さいこうび》の意味）地区〟と呼ばれていました。先生は地区の座談会やわが家での座談会に三回も来られて、座談会場の表の道で紙《かみ》芝居《しばい》をしているおじさんを座談会に誘われたこともありました。「折伏はこうやるんだよ」と教わりました――と語り残している。

＊

〈小生《しょうせい》の室《へや》にて、座談会開催。K兄出席。／小人数なり。淋《さび》しいけれども、そこに、修行有《あ》り〉（一九五〇年六月五日、晴）

大田区の大森文化会館で開かれた会合に出席した池田。〝御本尊に題目を唱え、仏の生命を涌現（ゆげん）していく以外に、真実の安穏、安楽の境涯を確立していくことはできない〟と訴えた（1983年1月）©Seikyo Shimbun

〈吾《わ》が室で、座談会。集まる人、全く少なし。多事多難《たじたなん》なり〉（同七月二日、晴）

青葉荘や近所の子らにおもちゃを贈った日のちょうど一週間前、池田は弘《ぐ》教《きょう》を実《みの》らせている。

〈非常に有意義な一日であった。歓喜《かんき》寮《りょう》にて、心ゆくまで、題目を唱えることが出来た。清浄《せいじょう》になっていくようだ。また、小学校の先生、Tさんを、折伏することが出来た〉（同五月十四日、快晴）

「Tさん」――土屋せつ子（旧姓）は大田区にある女塚《おなづか》小学校の教員だった。池田は、せつ子とその夫である原正を、茨城で開かれた会合で紹介したことがある（一九九〇年六月の本部幹部会）。

「私が折伏した原さんご夫妻が、東京から、茨城の鹿島《かしま》に移ってこられた」――その場にいた人々は、ちょうど四十年の信仰の年輪《ねんりん》を刻《きざ》んだ初老の夫妻に大きな拍手を送った。

「人間だけが社会、世界に限りなく『対話』を広げられる」

この日、池田は「人間だけが社会、世界に限りなく『対話』を広げられる」と語っている。

「『対話』は、金銭や立場によることなく、大きな価値を生む力《ちから》がある。私も、数えきれない人々と対話してきた。（中略）たとえ短い時間でも、一言だけだとしても、できるかぎり何らかの〝言葉の贈り物〟を私はしたい。それが友への〝心の贈り物〟だからである」（『池田大作全集』第七十四巻）

＊

「母は昭和二十五年の『母の日』に創価学会に入りました」。原正とせつ子の娘である魚津知代が語る。

太平洋戦争の渦中《かちゅう》、せつ子の家族は群馬の嬬恋村《つまごいむら》に疎開《そかい》していた。「当時は小学校の先生が足りなくなったそうで、母は教員養成所《きょういんようせいじょ》に通《かよ》って教員になり、東京で働きました。戦後、小学校の教員仲間で月掛《つきが》けの積み立て預金《よきん》をしていて、それが戸田先生の経営されている信用組合でした。母の職場に担当として回られていたのが池田先生でした」（魚津知代）。

せつ子は小学校の同僚から、池田が文学全集などの本をたくさん持っていることを聞いた。蔵書《ぞうしょ》の話を聞きたいというせつ子に池田は快く応じ、対話は人生論からトルストイの小説、西洋哲学、そして宗教の正邪《せいじゃ》に及んだ。その日、ちょうど母の墓参《はかまい》りに行こうと思っていたせつ子は、池田の話を聞きながらこれまでの半生《はんせい》を思い起こした。

「……そのとき、私は昔のことが次から次へと頭を過《よ》ぎりました。大きな米屋《こめや》の娘として生まれ、幼児期《ようじき》は恵《めぐ》まれた生活でしたが、昭和七年、八歳の時、実母を病気で亡くし、その後、店の経営は、思うようにいかず、坂を転げ落ちるように家業《かぎょう》は傾いていったのです。電気も止められローソクもつけられない、冬でも炭《すみ》をおこせない、真《ま》っ暗闇《くらやみ》のなかで父親の帰りを待つようなつらい淋しい生活を経験……その後、夜逃げ同然のように伯母《おば》の家に預けられたのです」

（原せつ子の回想）

＊

せつ子の妹の蓑輪《みのわ》安子は、「先生に折伏されて信心を始めた姉は、まず群馬に住む父に仏法の話をしました」と振り返る。

「父の啓太郎は嬬恋村で初めての学会員になりました。何度か東京の座談会に参加して、青葉荘の先生の部屋にうかがったこともあります。一緒に勤行する時、先生は父の背中をポンとおさえて姿勢を正したり、『おじいちゃん、肘《ひじ》はそんなにこわばらなくていいですよ』と言われたり、手の合わせ方から何から、手取り足取り教わったことをうれしそうに話していました」

せつ子の折伏で、弟の実、そして夫となる正も創価学会に入る。「父が入会したのは昭和二十六年の五月三日。戸田先生が七十五万世帯の宣言をされた日でした。じつはその日は両親の結婚式でもあり、周りから『五月三日に入会と結婚式の両方をしたのはあなた方が初めてだ』と言われたそうです」と娘の魚津知代は笑顔で語る。

「両親は結婚の前後、何度か青葉荘の先生の部屋を訪れて、仏法の話、未来の話をうかがいました。先生の部屋の壁には、波の中を進む帆船《はんせん》の絵が掲《かか》げられていて、『私たちは宗教革命をするんです。宗教革命とは血を流すことではなく、無血《むけつ》革命です』と言われました。『いつかトルストイにも負けない小説を書きます』と言われたこともあったそうです」

せつ子は知代を産んだ後、長男の道雄を授《さず》かる。しかし生後ひと月で病《やまい》にかかり、この世を去ってしまった。道雄の葬儀には、池田の妻の香峯子が参列している。「先生の奥様が母を抱きかかえるように励ましておられた姿が忘れられません」（魚津知代）。

知代は結婚する際、夫がアメリカに留学すること、数年はロサンゼルスで暮らすことを香峯子に伝える機会があった。香峯子は知代に「世界中、どこへ行っても〝学会の庭〟ですからね」と笑顔で励ました。

一度、縁《えん》した人を忘れない――せつ子の妹である蓑輪安子も、その重みを痛感した一人である。

大田文化会館で学生部のメンバーが作った世界地図のパネルを観賞する池田。ブラジルはサンバ、インドはシタールの楽曲など、ボタンを押せば各国の名曲が流れる。池田は準備の労をねぎらい〝秀才だね！　世界へ飛躍していこう〟と学生部員を励ました（1992年1月）©Seikyo Shimbun

「昭和四十八年の六月、池田先生が群馬を訪れられたのですが、当時栃木に住んでいた私のところに先生から〝嬬恋におられるご両親と一緒に、会場へ来られますか〟と伝言があったのです。親が高齢《こうれい》であることを慮《おもんぱか》って、娘が一緒なら来られるのではないか、という配慮でした。

　榛名山麓《はるなさんろく》の会場に着いてみると、当日の参加者は六〇〇〇人もおられました。そのなかで、若い時のつながりにここまで心を砕《くだ》かれるのかと本当に驚きました。とくに父は二十数年ぶりの再会を心から喜んでいました」

　大森のアパートの一角から、東京のみならず、列島の各地に広がり、重なっていく出会い。

　池田はそれらのつながりをさらに強く、太くしていく。

第8章

「組織の人間化」に挑《いど》む——青葉荘の日々③

一九五二年（昭和二十七年）一月下旬、今も「二月闘争」として語り継がれる弘教《ぐきょう》の波が蒲田支部から沸《わ》き起こる。

ある人は幼子《おさなご》を背負い、ある人は貧しさを背負い、集まった。

その中心に二十四歳の池田大作がいた。

創価学会の礎《いしずえ》となった人々の再生のドラマを描く。

「星がね、満天《まんてん》の星だったんですよ」

東京・大田区の大鳥居《おおとりい》駅近くで座談会《ざだんかい》があり、その帰り道だった。

土屋重子は、池田大作が男子部の仲間に「いい空だねえ。見てごらん」と夜空を指さし、天《てん》文学《もんがく》の話をしながら歩く様子を語り残している。

蒲田《かまた》支部の草創期《そうそうき》。日本が太平洋戦争で敗《やぶ》れてから五年が経《た》っていた。重子はその日、座談会のあった大鳥居から自宅のある糀谷《こうじや》まで、池田たちと帰り道が同じだった。

「後ろについて、ずっと歩いていったんです」「先生がいろんなお話をしていて、きっと信心の話をしてるんだろうなと思って……ところが信心の話じゃないんですね、先生の話は。『ほら、空を見てごらん』っておっしゃるんですよね。それで空を見たら、『ほら、あの星がね』って。今度は、宇宙の話になるんですね」

重子は「なんで宇宙の話をなさるのかしら」と不思議に思ったという。

「希望がほしい」という理由で創価学会に入った。一九四九年（昭和二十四年）の十二月だった。「父が病気で、母と私が働く以外になかったんですね。やっぱり生活の苦しさっていうんですかね。それと、やはり希望もありませんでした、毎日毎日が」。

それまでは「何も自分が誇《ほこ》りに思えるものってなかった。ところが信心してね、すごく人間として誇りを持てるようになった」という。

苦境《くきょう》を乗り越えた先輩の体験を聞いた。法を弘《ひろ》める喜びも感じた。学会活動でさまざまな刺《し》激《げき》を受けたが、当時、会合帰りに悠々《ゆうゆう》と宇宙の話をする人は周《まわ》りに一人もいなかった。生活に追われる毎日で、星空を楽しみ、語り合うような心のゆとりがなかった、と重子は振り返っている。

その座談会の日からしばらくは、池田が担当する会合があると「今日は〝宇宙の人〟が来るのよ」と女子部の仲間で言い合った。それほど強く印象に残るひとときだった。

「小さなことに　とらわれすぎるな」

大鳥居から糀谷、梅屋敷《うめやしき》を経《へ》て、池田の住んでいた大森の青葉荘までは、歩いて一時間弱の道のりである。東京の夜空には、今よりもはるかに多くの星々が瞬《またた》いていた。池田は綴《つづ》っている。

〈天文学は最も好きである。その天空を見、銀河系を思索《しさく》する余裕なし。現実の葛藤《かつとう》の社会は〉（一九五六年九月七日の日記）
〈月影《つきかげ》に、美光《びこう》あれど、それを仰《あお》いで、詩を詠《よ》むいとまなし。／無限の大宇宙のことを思うは、楽しいものだ〉（翌五七年十一月七日の日記）

星と歩み、月と語る青春だった（単行本『民衆こそ王者』第二巻で詳述）。のちに池田はケンブリッジ大学の天文学研究所長を務めたフレッド・ホイルをはじめ、数多くの天文学者や宇宙物理学者、さらにワレンチナ・テレシコワ（ソ連〈当時〉）やジェラルド・カー（アメリカ）などの宇宙飛行士たちとも対話を重ねていく。自身の二十代の日々を綴ったエッセーや日記には、何度も星空が出てくる。

〈……信仰《しんこう》した翌年の八月には夏季講習会に参加した。座談会にも夜学《やがく》で時間のないなか、なんとか都合をつけて出るようにしていた。座談会の帰り道、先輩を見送りながら蒲田駅までの三十分、星空のもと仏法談義《だんぎ》を交《か》わしたりもした。私の関心は人間の生と死という、思想上の根本的な課題《かだい》にあった〉（『私の履歴書』日本経済新聞社、『池田大作全集』第二十二巻）
〈今夜は、実に素晴らしい月光だ。地球上に、人類の上に、あの月の世界と、星辰《せいしん》のまたたきがなかったなら、どんなにか、淋《さび》しく空虚《くうきよ》なものであろうか〉（一九四九年六月一日の日記）
〈午後、支部長等と共に、T宅に行く。／支部及び部隊の幹部、多数集合している。種々《しゆじゆ》打ち合わせ、共に雑談《ざつだん》。／皆して、古典音楽を聞く。続いて詩の朗読《ろうどく》をする。

ロンドン近郊のタプロー・コート総合文化センターで、天文学者のフレッド・ホイルとの会見に臨む池田。「宇宙の生老病死」「人間と宇宙を結ぶ『一念』の力」などについて約2時間にわたり語り合った（1991年6月）©Seikyo Shimbun

帰路《きろ》、星座《せいざ》輝《かがや》く。無量《むりょう》の恩《おん》を忘れるなと、教えるが如《ごと》く。——小さなことにとらわれすぎるなと、さとすが如く〉（一九五五年一月四日の日記）

弘教《ぐきょう》に歩く友と、星座を語り、励まし合う日々。それは「仏法」と「宇宙」を論じ続ける原点の一つになった。

「なぜ祈りが叶《かな》うのか」をテーマに据《す》えて、池田が高校生に向けて語った時、その要点は〝「小宇宙《しょううちゅう》」の自分自身が、「大宇宙《だいうちゅう》」の生命と、きちっとギアを嚙《か》み合わせる〟ことだった（『青春対話2』普及版、六十ページ）。

「勤行《ごんぎょう》」や「題目《だいもく》」がテーマの時は「御本尊《ごほんぞん》を根本として、自分という『小宇宙』の中に『大宇宙』の生命力を、生き生きとくみ上げる作業が勤行です。それを毎日、繰《く》り返していけば、生命力のエンジンが強くなってくる」と語った（『青春対話1』普及版、三二五ページ）。

日本だけではない。海外でも、この「大宇宙」と「小宇宙」の譬《たと》えを駆使《くし》してきた。

「御本尊を拝《はい》すれば、我が小宇宙の扉《とびら》は、その場、その時に、大宇宙へと全開し、全宇宙を見おろすような悠々《ゆうゆう》たる大幸福感を味わうことができる。（中略）宇宙に包《つつ》まれていた（自分という）小宇宙が、宇宙を包みかえしていく」（一九九〇年、アメリカ）

「日蓮大聖人《にちれんだいしょうにん》の説《と》かれた『妙法蓮華経《みょうほうれんげきょう》』とは、大宇宙の法であり、同時に、小宇宙である我が身の法である」（一九九四年、タイ）

「小宇宙である自分自身と大宇宙が交流していく儀式《ぎしき》が勤行なのである」（二〇〇〇年、マレーシア）

さまざまな国を訪れては、この譬えを使って信仰の基本を語り、折々《おりおり》の天文学の話題にも触れてきた。それは、戸田城聖《じょうせい》（創価学会第二代会長）が何度も口にしていた「科学が進歩すればするほど、何倍も仏法が理解しやすくなる時代がくる」という一言を確かめる道でもあった。

小さな会合で「世界」を語った

酒井きよは蒲田支部の婦人部リーダーの一人だった。一九五一年（昭和二十六年）のある日、

創価学会のヨーロッパ総支部とパリ支部の結成大会。欧州の先駆者となる一人ひとりに池田は、「太陽あるところ、希望の光が差し、幸福の花々が咲き乱れる。その春を告げる太陽はどこにあるのか。それは皆さんの胸中にある。いな、皆さん自身が、家庭に、地域に、職場に、社会に、幸福と平和の春をもたらす太陽なのです」と訴えた（1963年1月、フランス・パリ）©Seikyo Shimbun

酒井宅で行われた男子部の集まりに二十三歳の池田が参加した。

きよは「今にアメリカ、ヨーロッパ、アフリカに支部を作るんだ。広布《こうふ》をするんです」という池田の言葉を聞いて、目を丸くした。「大空に向かって針をプツンと刺《さ》したような、夢のまた夢の話でした。気の遠くなるような感じでした」「しかし、真剣な顔で話されている先生を目《ま》の当《あ》たりにして、ものすごく新鮮に聞こえました」と語り残している。

「ロサンゼルス支部」「アメリカ総支部」ができたのは、それからわずか九年後の六〇年（同三十五年）だった。「ドイツ支部」「パリ支部」「ヨーロッパ総支部」は六三年（同三十八年）、「アフリカ支部」は六五年（同四十年）である。

池田が、こうした「世界」への広がりの土台を作ったのも、青葉荘時代のことだった。

「（昭和二十七年）一月二十九日のとても寒い日に、蒲田支部の緊急組長会が鵜《う》の木《き》で行われることになりました。『なんだろう。何が起きたんだろう』と思いました。みんな貧《まず》しくて、下《げ》駄《た》を履《は》いて子どもを背負い、ねんねこを着て出かけていきました」（酒井きよの回想）

*

五二年（同二十七年）の二月、蒲田支部は、どの支部も破《やぶ》れなかった大きな「壁《かべ》」を破る。それまで、ひとつの支部の一カ月の折伏《しやくぶく》数は、多くても「一〇〇世帯」前後だった。戸田城聖が「七十五万世帯の折伏」を宣言してから九カ月。目標はまだはるか彼方《かなた》にあった。そんななか、蒲田支部は一気に「二〇一世帯」という結果を出したのである。これ以降、すべての幹部たちの意識が大きく変わっていく。

のちに「二月闘争《とうそう》」と呼ばれるようになるこの一カ月間の意味を、池田自身が語っている。

「大森駅の西口で、食事をとりながら、（蒲田支部長の小泉隆と）二人きりで話をした。私は言った。

『小泉支部長を日本一の支部長にしてみせます』

支部長は半信半疑《はんしんはんぎ》だったが（爆笑）、私は一カ月後には約束どおりの結果を出した（拍手）」

「小泉さんは亡くなる直前、最高幹部の座談会で、当時を振り返っておられる。

『若き日の（池田）名誉会長が、蒲田支部幹事でこられたときの支部長は、僕《ぼく》なんだ。当時は一カ月に折伏百世帯もたいへんだった。ところが池田先生は支部として〝折伏を何世帯をやろう〟と言うんじゃない。『組で二世帯はどうですか』なんだよ。当時、一つの組に、二、三十人いましたからね。

〝それならできるじゃないか〟と、だれもが思いましたよ。一人一人の目が、輝《かがや》いてくるのがわかったね。蒲田にこられた翌二月には、二百一世帯もできちゃった』

なんだか、あっさり語っておられるが（爆笑）、陰《かげ》にたいへんな努力があったことは言うまでもない」（一九九〇年十一月の池田のスピーチ、『池田大作全集』第七十五巻）

当時の創価学会の組織は、「支部」のもとに「地区」があり、さらに「班」「組」があった。「組」が最前線であり、現場でもある。

蒲田支部で地区部長や班長をしていた人々は、それまで「どんなにがんばっても、昭和二十五年の終わりから二十六年にかけて池田先生が育てた鶴見《つるみ》支部を抜くことができなかった」と振り返っている（一九七四年七月七日付「聖教新聞」。鶴見支部の話は第一章から第三章に詳述）。

「私は活動の焦点を、最前線の『組』、今でいう『ブロック』に定めた。皆、驚《おどろ》いた。反対する幹部もいた。『組』単位なんて、新しい人ばかりで、まだまだ信用できない、と。

私の考えは違った。〝新しい人〟だからこそ、〝新しい力《ちから》〟を持っている。それを引き出そう。新鮮な若芽《わかめ》のような〝新しい息吹《いぶき》〟もある。それを伸ばそう——そこに私の着眼点《ちゃくがんてん》があった」

（前掲、一九九〇年のスピーチ）

「組織の人間化」への挑戦――

この着想を、池田は「組織の人間化」というキーワードで論じている。

「組織といっても、『人』である。『組』という小さな単位に光を当てた結果、一人一人に、き め細《こま》かな激励《げきれい》ができた。（中略）

　大きな単位のみに注意を向けていると、どうしても指示や伝達《でんたつ》が中心となり、信心の息吹や感動が伝わりにくい。いつしか惰性《だせい》におちいってしまうものである。一人一人の『人間』よりも、『組織』という機構《きこう》だけに目がいってしまう。それでは、悪《あ》しき組織主義となる場合がある。指導主義、人間主義ではない。

『組』単位に――という、この時の実践は、こうした硬直化《こうちょくか》を打ち破る、いわば〝組織の人間化〟への挑戦であった。わが生命をふりしぼって、地域のすみずみにまで、清新《せいしん》な『信心』の息吹を脈動《みゃくどう》させていく。その戦いであった」（同）

　蒲田支部長だった小泉隆は「池田先生から電話がかかってくるのです。大事な用件があるというので来てもらうと、私に断《ことわ》るまでもなくどんどん進めてもらってもかまわないような事柄《ことがら》なのです。今にして思えば、あの多忙《たぼう》を極《きわ》めるなかにあって、そこまでして私をたててくださ

大田区での文化音楽祭に出席し、合唱や演奏に惜しみない拍手を送る。池田は熱演をたたえるとともに、ヴィクトル・ユゴーの小説『レ・ミゼラブル』に描かれた老闘士の革命精神を通し、「正義の法戦」に徹しゆく人生の偉大さを語った（1991年8月）©Seikyo Shimbun

っていたのです。あの若さで、支部員に心を巡《めぐ》らすだけでなく、支部長だった私にまでそれほどの気を配っていただいたのです」と語っている（前掲「聖教新聞」）。

この記事には、池田が〈座談会の出席を約束すれば、必ず約束の時間よりも前に会場に到着していたことも人々の胸に、忘れられない思い出になって生きている〉とも記《しる》されている。

*

組で二世帯――ねんねこを着て駆《か》けつけた酒井きよも、それならできる、と思った一人だった。一月二十九日の会合は「行くときは寒かったけど、（池田の話を聞いた後、）帰りになると頬《ほお》が紅潮《こうちょう》した」と述懐《じゅっかい》している。

土屋重子もその場にいた。彼女は参加対

象ではなかったが、病《やまい》が治《なお》り地区部長になっていた父親から「一緒に来てくれ」と頼まれた。

「父が、字が書けないものですから」「大事な会合だから、書かなきゃならないことがある。そして父は地区部長ですから、それを班長さんに伝えなきゃならない。『大事なことを書き取っておいてくれ』って」（土屋重子の回想）

鵜の木の会場に集まったのは一三〇人ほど。読み書きの苦手な人たちも少なくなかった。

「電話も普及《ふきゅう》していない時代である。支部婦人部長の白木静子さんは、東京だけでなく、蒲田支部の地方拠点があった雪深い秋田をはじめ、名古屋、浜松、大宮、船橋、山梨にも足を運んだ。

皆、行った先で水や塩をまかれようと、それさえも、『御書《ごしょ》（日蓮《にちれん》の遺文集《いぶんしゅう》）のとおりだ』と明るく笑い話にしながら、喜び勇《いさ》んで戦っていった」（二〇〇一年の池田のスピーチ、全集第九十二巻）

青葉荘時代の池田が、戸田城聖のもとで動き、五体に刻《きざ》んでいった日蓮仏法の世界には、「学歴」や「出身」などは何の関係もなかった。そうした「世間《せけん》の物差《ものさ》し」は、むしろ「信心の眼《まなこ》」を曇《くも》らせる邪魔《じゃま》にすらなった。

読み書きの苦手な地区部長が、人生に悩む学者を励ますこともあれば、若い大学生が、小学校すら満足に通えなかった幹部を支えることもあった。

そうした敗戦後の草創期、「組織の人間化」に挑《いど》む群像《ぐんぞう》のなかで光った一人に、東京・築地《つきじ》の馬場勝種《かつたね》がいる。

「この子のおかげで信心させてもらったんじゃないか」

馬場勝種と妻の修子《なおこ》が創価学会とめぐりあったのは、日本の敗戦から三年経った一九四八年（昭和二十三年）だった。

勝種は築地市場で「吉勝《よしかつ》」の屋号《やごう》を掲《かか》げ、魚の仲卸《なかおろし》を営《いとな》んでいた。

修子の妹である豊田光江は、「敗戦直後の、まだ市場《いちば》で競《せ》りが始まらない時期に、勝種さんは銚子《ちょうし》港《こう》から魚をトラックで運び、歌舞伎座《かぶきざ》の近くに事務所を借りて、卸売《おろしう》りの仕事を始めていました」と語る。

勝種と修子には、四二年（同十七年）に授《さず》かった長女の喜代子がいた。喜代子は生後四十日で高熱を出し、右半身が動かなくなってしまう。馬場夫妻にとって、娘の病が信心を始めるきっかけになった。

修子は戸田城聖と初めて会った時のやりとりを書き残している。

〈戸田先生は子供《こども》をじっと見つめられて第一声「信心だよ、信心だよ」とさとすようにおおせでした。お目にかかるたび「信心だよ、信心だよ」と信心の二字でした〉

戸田は修子に「その子はその子なりに、何不自由ない幸せな生活ができる」とも言い、喜代子を「喜代ちゃん」と呼んでかわいがった。

池田は、勝種がまだ幼い喜代子を抱いて、戸田のいる西神田の学会本部まで通う姿を綴《つづ》っている（『忘れ得ぬ同志』）。

〈魚河岸《うおがし》の朝は早い。昼すぎには一段落《いちだんらく》する。すると馬場さんは、長女を連れて昼からよく事務所にこられた。

子供好きの戸田先生は、手足の不自由なその子を連れて、近所をよく散歩された。

「馬場君、この子は、殿様《とのさま》だよ。この子のおかげで信心させてもらったんじゃないか。おまえは家来《けらい》だよ。大事に、仕《つか》えるように育てるんだよ」〉

築地支部の人々は、喜代子の軽い体を抱き上げ、座談会に通う勝種の姿をよく目にした。勝種は戸田の自宅を訪れることもあった。

〈夜の道、目黒から築地まで十数キロ。馬場さんは、八歳の〝殿様〟を背負って歩いたこともしばしばあった。

なにげない先生の話も、真《ま》っ正直《しょうじき》に、そして、ときにはバカっ正直といわれるぐらいに真剣にうけとめ、すべてを信仰発心《ほっしん》の節《ふし》として生きてきた、そのような人であった〉（同）

勝種から仕事の悩みを相談された時、戸田は「商売は容易《ようい》ではないよ。一枚の紙でも自分の財産だから無駄《むだ》にするな。どこまでも独立独行《どくりつどっこう》でやりなさい。一人の客に対しても南無妙法《なんみょうほう》

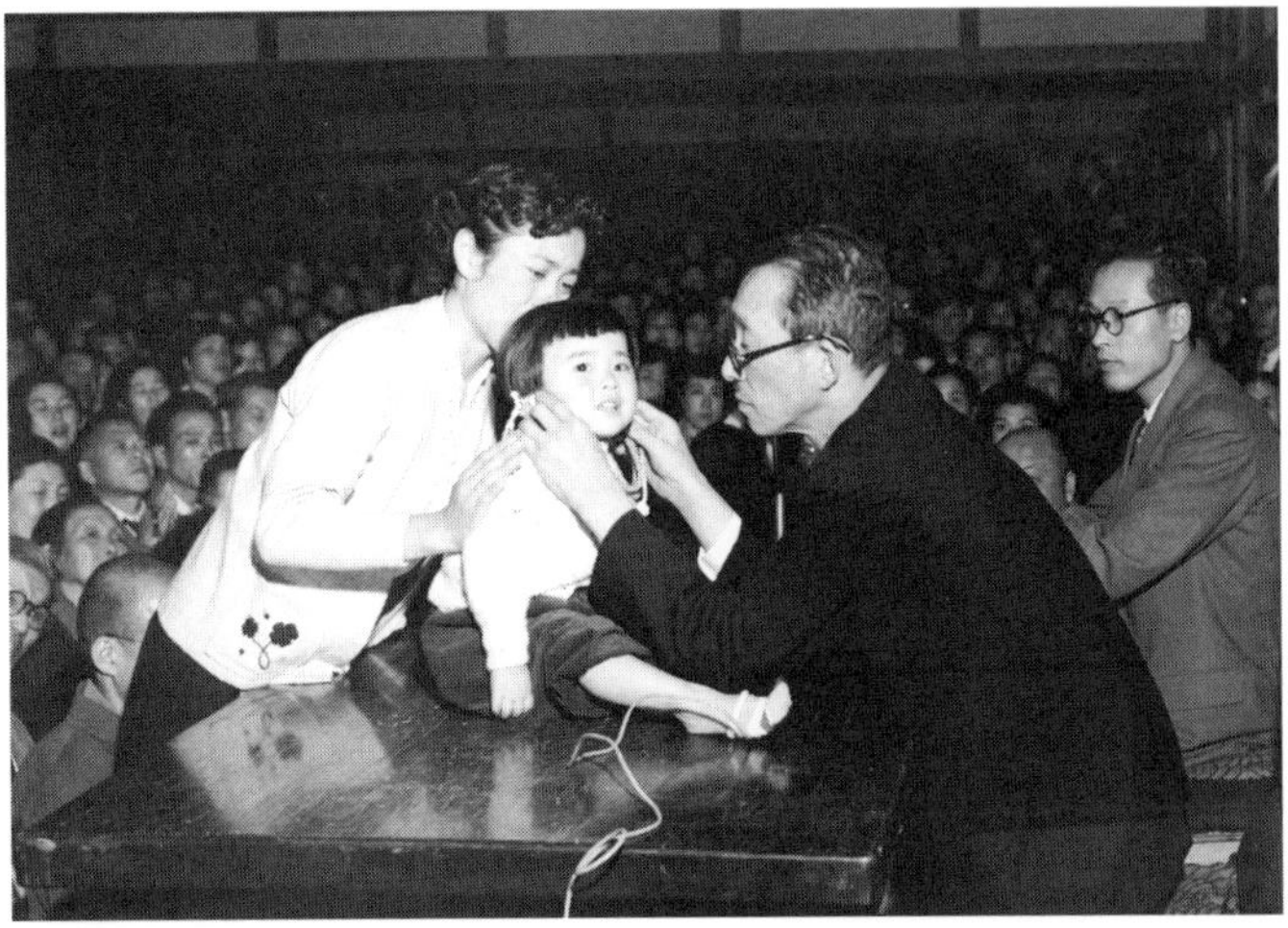

質問会で、幼い子を演壇に招き、慈（いつく）しみのまなざしで語りかける戸田城聖（1957年10月、静岡・富士宮市）。生活苦や、病気の悩みなどを抱えた庶民の声を聞き、励まし続けた ©Seikyo Shimbun

蓮華経《れんげきょう》の精神で通しなさい」と励ましている。

＊

戸田城聖は、事業難に陥《おちい》り、最も苦しかった時期、自宅で御書の講義を始めた。

〈学会の存在を永遠ならしめるために、伸一（山本伸一＝池田をモデルにした人物）をはじめとする、最も信頼すべき数人の弟子を選んで、一九五〇年（昭和二十五年）の晩秋から、時間の許す限り、日曜には丸一日費《つい》やして、自宅で、ひそかに特別訓練《とくべつくんれん》を始めていたのである〉（小説『人間革命』第二版、第五巻「烈《れつ》日《じつ》」の章）

戸田が扱った御書は「草木成仏口決《そうもくじょうぶつくけつ》」「一《いっ》生成仏抄《しょうじょうぶつしょう》」「総勘文抄《そうかんもんしょう》」（三世諸仏《さんぜしょぶつ》総勘文教相廃立《きょうそうはいりゅう》）や「諫暁八幡抄《かんぎょうはちまんしょう》」など。

この講義の場に、池田とともに勝種もいた。

〈夕刻ともなると、戸田は台所に立ち、愛す

べき弟子たちのために、手ずから栄養価《えいようか》の高い料理までこしらえるのであった〉（同）
勝種は戸田の講義を熱心に聞いていた。しかし、大きな〈泣きどころ〉があった。
〈生家《せいか》が貧しく、幼少時《ようしょうじ》から魚の仲買《なかが》い屋へ奉公《ほうこう》に出ている。字の読み書きが苦手だった。
御書講義のあと、戸田先生はよく「みんな早く立派な教授になりなさい」といわれた。だが、身の置きどころのない不安顔《ふあんがお》の馬場さんには「キミは私のいうとおりにやればいいんだよ。立派な魚屋のオヤジになればいいんだよ」といわれていた〉（『忘れ得ぬ同志』）

「信心のことなら馬場に聞け」

池田は後年、創価学会の教学について、婦人部の会合でこう語っている。

「たとえ、まじめに、一生懸命《いっしょうけんめい》に教学の道に励んだとしても、得手《えて》、不得手《ふえて》もあります。境《きょう》遇《ぐう》もあります。

したがって、試験を受けて、その人が講師《こうし》、助教授《じょきょうじゅ》になれなくても、私はけっこうであると思います。『試験を受けよう』『勉強しきっていこう』『大聖人様のおおせどおりに実践していこう』という、その心が教学です。信心です。

したがって、教授になり、助教授になり、講師に、やすやすなったからといって、それをハナにかけるような婦人部の幹部があったとしたならば増上慢《ぞうじょうまん》です。また、教学部員になれなかったとしても、その人がりっぱな幹部である場合もあります。戸田先生は、よく『日蓮大聖人《だいしょうにん》様の御書を〝知った〟といえば増上慢、〝知らない〟といえば謗法《ほうぼう》、困ったものだ』こういうふうにおおせになっておられました」（一九六二年のスピーチ）

この会合で池田は、教学試験に「受かった、受からないということは（信心とは）別問題である」とも強調している。

その人が今、「挑《いど》む心」を持っているのかどうか。「自分を鍛《きた》えよう」と思っているのかどうか。戸田も、池田も、この一点を見てきた。戸田は、創価学会の再生を懸《か》けて臨《のぞ》んだ特別訓練に、読み書きの苦手な馬場勝種を呼んでいる。人を見る基準は「学歴」や「出身」ではなかった。「信心」だった。

その場で戸田は、全力で御書を語り、法華経《ほけきょう》の思想を語り、獄中《ごくちゅう》の体験をもとに、これまで自分が得てきたすべてを注《そそ》ごうとした。

〈戸田先生は、晩年、後輩同志に「信心のことなら馬場に聞け！」といわれたことがあった〉

（『忘れ得ぬ同志』）

第二代会長になった日、戸田は就任式の「閉会の辞」を勝種に任せた。この年、勝種は初代の築地支部長に、妻の修子は支部婦人部長に就任。支部の大きさは数百世帯だった。

入船橋《いりふねばし》のたもとの馬場宅は、魚河岸《うおがし》の職人とともに、多くの青年部員が二階の拠点に出入りするようになり、賑《にぎ》わった。土曜、日曜は夫婦で手分けして、地方に足を伸ばした。

〈やがて（鳥取県の）米子《よなご》、島根、（新潟県の）三条《さんじょう》といった地方都市に築地の地区ができていったのです〉（馬場修子の手記）

それからの五年で築地支部は一万七〇〇〇世帯にまで広がっていく。娘の喜代子が初めて自分の足で歩いたのは、夫妻で支部長、支部婦人部長になって三年目のことだった。

*

戸田城聖が学会の理事長を退《しりぞ》き、経済の次元で戦っていた渦中《かちゅう》、なんとかして戸田を支えようとした人々の姿を、池田は小説『人間革命』に記し残している。

〈創価学会の活動は、依然《いぜん》として弛《たゆ》むことなく続けられていたが、一般の会員が、戸田の一身《いっしん》上《じょう》の変化に気づき始めたのは、しばらくたってからであった〉〈築地の魚河岸に店をもつ、大馬勝三の妻も、ある会合で、戸田の窮迫《きゅうはく》を知った。この夫妻は、小児《しょうに》まひの子に悩んで入会し、純真《じゅんしん》な信心を続けながら、再三《さいさん》に渡り、戸田の指導を受けていた。

戸田は、その子に絵本を買って与えたり、時には不自由な手を持ってあげて、字を書くことまで教えた。不自由な子は、戸田を見て、いつかキャッキャと笑いだすまでになっていった。まず、知能の発育がみえ始めたのである。

わが子に絶望《ぜつぼう》していた親には、どんな名医よりも、戸田の存在が唯一の心の支えであったのだ。夫妻が、戸田の近況を、初めて知った時のショックは強烈《きょうれつ》であった。彼ら一家の前途《ぜんと》が、暗澹《あんたん》たるものにさえ見えたのである。

わが子の無心《むしん》な寝顔《ねがお》を見て、大馬夫妻は涙を流した。そして、夫妻は、今さらながら戸田の慈愛《じあい》の深さを思い、なんとか応援したくなった。彼は、多少の有価証券《ゆうかしょうけん》をもっていた。大馬勝三は、これを売り払って、戸田への見舞金《みまいきん》として、恐る恐る幹部に託《たく》した。

戸田は、大馬夫妻の好意が、誰の強制《きょうせい》でもなく、夫妻だけの発意《はつい》によることを知ると、その見舞金を記帳《きちょう》させ、新会社の運営資金に繰《く》り入れた。

戸田は、この当時の人びとの純粋《じゅんすい》な好意を、生涯忘れることがなかった。彼は、数年たたぬうちに、記帳された金は、すべて元利合計《がんりごうけい》で返済《へんさい》している〉（小説『人間革命』第二版、第四巻「秋霜《しゅうそう》」の章）

この時期のことを、馬場修子《なおこ》の妹である豊田光江が覚えている。

「姉夫婦は、戸田先生のことをとても心配していましたが、小説で池田先生が描かれるまで、具体的なことは一切口にしませんでした。ある日、夫婦で『お届けできてよかった』と言ったことがありましたが、何のことかは私たちにも話しませんでした」

地《ち》によって倒れ　地によって起《た》つ

この、最も苦しい時期の戸田城聖の振る舞いによって、その後の学会の組織のあり方が厳格《げんかく》に定められた。その意味を重《おも》んじ、池田は続けて次のような出来事を紹介している。

〈戸田は、すべての人の好意を受け入れたわけではなかった。金額の高低を問題にしていたのではない。その人たちの心の、純《じゅん》・不純《ふじゅん》だけを見ていたのである。戸田の心は、そうした人びとの好意に、絶対に甘《あま》んじていたわけではない。むしろ、悩んでいたのである。

彼は、彼の一身の苦難《くなん》が、学会の組織を傷つけることのないよう、自《みずか》ら厳しい一線を画《かく》していた。さまざまな非難には、一瞥《いちべつ》もくれなかったが、彼に寄せる好意《こうい》には、さらに厳しく、わが身を律《りつ》したのである。

原山幸一、清原かつ、関久男などの幹部も、戸田の苦境を目にするにつけ、弟子として、心を痛めていた。しかし、彼らは、敗戦後の俸給《ほうきゅう》生活者である。筍《たけのこ》生活は底をついていた。

ところが、戸田の妻が、生活のために働きだしたということを耳にした時、彼らの心痛《しんつう》は、極点《きょくてん》に達してしまった。相談の結果、彼らの乏《とぼ》しい収入の一部をそれぞれ割《さ》いて、月に一定の額《がく》を、戸田の生活費の一部にしていただこうと、一決《いっけつ》したのであった。そして彼らは、それ

最晩年の戸田をそばで支える池田（1958年3月、静岡・富士宮市）。**後継のバトンは戸田から池田に託された**
©Seikyo Shimbun

を戸田に申し出た。

　その日、戸田は、疲労《ひろう》が重なり、自宅の二階で寝ていた。見舞いの三人の申し出を聞くと、彼は、がばっと布団《ふとん》をはいで、跳《は》ね起きて言った。

「何を君たちは言うのだ！　ぼくが、いつ、そんなことを君たちに教えた。生意気《なまいき》に何を言うか！」

　三人は、いきなり戸田の激怒《げきど》にあって、呆気《あっけ》にとられてしまった。

「君たちが、これほどの愚《おろ》か者とは思わなかった。ぼくが、どんな苦しい生活になろうと、君たちになんの関係がある。君たちに面倒《めんどう》などみてもらう必要は全《まった》くない。一切は御本尊様のなさることだ。それがまだわからんのか。帰れ！」

　戸田は体を横たえると、くるりと背を向けてしまった。

　取り付く島もないとは、このことであろう。うなだれていた三人は、ただ驚《おどろ》いて、顔を見合わせるだけであった。しばらくして彼らは、ひっそりと階段を下《お》りかけた。その時、戸田の声が追いかけてきた。

「会員たちの面倒は、しっかり頼むぞ。ぼくのことは心配するな。いいな」

「はい」

戸田の声には、既《すで》に怒気《どき》が消えていた。三人は、何がなんだか、わからなかったが、ほっとして帰路《きろ》に就《つ》いた。

戸田が、原山たちの申し出を断固として拒絶《きょぜつ》したのは、三人の好意が気に入らなかったためでは決してない。それは、三人でも組織である。三人の発意《はつい》であったとしても、その発意は三人それぞれ度合《どあ》いが違うのが当然である。一人の発意に、二人が義理《ぎり》で同調する場合もある。あるいは、二人の発意が、もう一人の仲間に強制《きょうせい》として働く場合もあろう。

もしも、三人の提唱《ていしょう》から、組織につながる人びとが同調して、戸田個人のために義援金《ぎえんきん》などを募《つの》ることにでも発展したら、まさに組織の乱用になってしまう。戸田が恐れたのは、大聖人の仏法を根底とした清浄《せいじょう》な組織が、世間的な目的に利用されることであり、破壊《はかい》されることであった。

仏法の厳しさを知る戸田は、私情《しじょう》を殺し、一線を画し、組織の厳正《げんせい》を守り通した。彼は、学会という広宣流布《こうせんるふ》のための組織が、彼の命よりも大切なゆえんを知っていた。(中略)

所詮《しょせん》、地《ち》によって倒れた者は、地によって起《た》つ以外に道はなく、戸田は、彼の信心以外に起

東京・大田区の会館を訪れ、出迎えた人々に学会の三色旗を掲げ応える池田と妻の香峯子。池田は「偉大なる　大田の夜明けは　今ここに　進めや勝ちぬけ　諸仏（しょぶつ）は味方と」など３首の和歌を詠んで贈った（1991年8月）
©Seikyo Shimbun

つ道のないことを、一瞬も忘れてはいなかった〉（同）

＊

戸田城聖は「七十五万世帯」を達成して、一九五八年（昭和三十三年）四月、この世を去った。馬場勝種が生涯を終えたのは、その翌年だった。

残された家族は健気《けなげ》に信仰をまっとうしてきた。七十七歳の馬場喜代子は「お父さんが亡くなった時、私は泣きました。池田先生が、お通《っ》夜《や》にも、翌日の告別式《こくべつしき》にも来られました」と振り返る。「先生は十六歳だった私に『あなたの胸に、お父さんは生きています。今でも生きています。大丈夫ですよ』と言われました。『まさか』とびっくりして、とてもうれしかった。忘れられません」。そう言って、自分の胸を手で押さえた。

池田は、勝種の七回《かい》忌《き》法要《ほうよう》にも出席している。

創価学会第三代会長に就任した数年後、池田は全国の要《かなめ》となる婦人部リーダーたち数百人に、まっさらな写真アルバムを贈《おく》った。馬場修子のもとにも届いた。

表紙を開くと池田の筆で、

〈共に学会の礎《いしずえ》〉

と綴《つづ》られていた。

＊

築地支部は鳥取や新潟、群馬、福島などに地区を広げていった。島根にも地区ができた。松江地区の地区部長になったのは、浜崎巌《いわお》という町工場の主《あるじ》である。のちに松江支部長や島根県長などを歴任していく。彼もまた、学校教育と縁《えん》の薄《うす》い半生《はんせい》を送り、創価学会の礎となった一人である。

第9章 「無学《むがく》」の勝利者たち

〝読み書きが苦手です。力《ちから》も知恵もありません〟

――会長就任前の池田大作は、列車の中である壮年から悩みを打ち明けられた。

早春の車窓《しやそう》から桜の木が見えた。

「あの木の中から、人を魅了《みりよう》する花が咲くんですよ」

「学問や地位ではありません。信心さえしっかりしていればいいんです」

池田の励ましの一言一言が、壮年の人生を変えていく。創価学会という〝校舎なき総合大学〟から次々と〝庶民のリーダー〟が育っていった。

浜崎 巌《いわお》は島根県の松江《まつえ》に住んでいた。その年の夏、滅多《めった》に書いたことのない手紙を書いた。宛先《あてさき》は東京の池田大作だった。

子どものころにまともな教育を受けられず、読み書きが苦手《にがて》だった。長女の和子に下書きを頼んだ。和子も、妻のゆき江も、代筆《だいひつ》をすすめたが、「これだけは、わしが自分で書く」と言って聞かなかった。

「毎日来てくれたのは学会員だ」

一九七二年（昭和四十七年）の七月。島根は水害に襲《おそ》われた。最も被害の大きかった七月十一日の夜、島根創価学会の救援《きゅうえん》本部になっていた松江会館の事務室に、池田から最初の電報が届いた。その会館の事務室も浸水《しんすい》していた。連日連夜《れんじつれんや》、伝言をはじめ矢のような励ましが相《あい》次《つ》いだ。

豪雨《ごうう》は日本列島をまたいだ。九州から北海道まで十日間に及んだ大水害である。東京の学会本部からは岐阜、愛知、広島、島根、佐賀、熊本などへ次々と救援隊が向かった。

この時、池田自身は東北を訪《おとず》れていた。仙台、山形、秋田、大曲《おおまがり》（現・大仙《だいせん》市）、盛岡、水沢（現・奥州《おうしゅう》市）などの各市を、全国から届く被災《ひさい》の報告を聞きながら、救援の指示を出しながらの移動が続いた（単行本『民衆こそ王者』第十七巻に詳述）。松江会館への電報は秋田市内で打った。

豪雨で水に浸かった、山陰本線の松江駅（1972年7月）
©毎日新聞社／アフロ

当時の「聖教新聞」の被災報道から。
熊本の天草《あまくさ》――「（一家の働き手が出《で》稼《かせ》ぎで）老人と子どもだけの留守家族を心配して、毎日来てくれたのは学会員だ」と顔をほころばせる老人がいた。
広島会館――ある村役場の総務課長から「二日間にわたる真心《まごころ》からの行動

には、心から感謝の言葉を述べるしかない」と電話があった。

岡山から救援物資《ぶっし》を載《の》せて出発した十数台のトラックは、寸断《すんだん》された道路を迂回《うかい》し、兵庫との県境《けんざかい》や鳥取を通って島根の松江を目指した。どの被災地でも「自衛隊の次にやってきたのは学会の人だ」と声をかけられた。

中国地方では広島の三次《みよし》市がとくにひどく、隣の庄原《しょうばら》市と合わせて死者・行方不明者は三十九人にのぼった。

三次市に住んでいた武下十六《たけしたとろく》。崖《がけ》が崩《くず》れて家が押しつぶされた。後年《こうねん》、近くの学会員たちが会員であるなしにかかわらず物資を分けてくれた思い出を書き残している。

〈わが家の前は、まるで海のようでした。母の手を引き、命からがら逃げ延《の》びました。この時、学会の皆さんが、私たち被災者に毛布や衣類《いるい》を配ってくださいました。また、励ましの言葉に勇気をいただき、水害から立ち上がろうとの気持ちになりました。あの時の学会員さんの真心は、忘れられません。昨年、亡くなった母も「学会に感謝を忘れてはいけない」と、よく話していました〉（二〇〇五年一月八日付「聖教新聞」）

武下の家族はこの水害の十年後、商売の悩みがきっかけで創価学会に入る。

＊

浜崎巌が詰《つ》めていた松江の救援本部は、被災現場からの報告や、東京の本部との連絡が行《い》き交《か》っていた。巌たちは救援物資を小舟《こぶね》に積んで、松江会館と現場を行き来した。

「まだ誰《だれ》も訪《たず》ねてこないこんな路地裏《ろじうら》まで来てくれた」といった被災者の声を聞くたび、救援に力《ちから》が入った。

最初の電報から十日後、巌の自宅宛《あ》てに一通の葉書《はがき》が届いた。

〈前略、豪雨を胸臆《きょうおく》よりお見舞《みまい》申上《もうしあ》げます。尚《なお》 同志の方々の激励《げきれい》 心から感謝致します。

……〉

池田からだった。巌は驚いた。被害が大きいとはいえ、数多い被災地の一つである。池田の葉書には、副理事長らを山陰《さんいん》地方に派遣《はけん》したことなどが右肩上がりの筆致《ひっち》で書かれていた。

〈……同志の方々が元氣であった事を聞き、安心して居《お》ります。何卒《なにとぞ》、いかなる災難《さいなん》ありとも、安楽《あんらく》なりとの御金言《ごきんげん》を心得《こころえ》て、今世《こんぜ》の眞《まこと》の佛道修行《ぶつどうしゅぎょう》を全《まっと》うされん事を祈って居ります。草々〉

日蓮《にちれん》が法華経《ほけきょう》を講義し、語り残した言葉のなかに、

〈今、日蓮等の類《たぐ》いの修行は、妙法蓮華経《みょうほうれんげきょう》を修行するに、難来《なんきた》るをもって安楽と意得《こころう》べきなり〉

という一言がある（御義口伝《おんぎくでん》、御書《ごしょ》七五〇㌻、新一〇四五㌻）。

難が来たことをもって、安楽と心得るべきである――これまで池田は、この厳しい一節に何度も言及してきた。二十一歳の夏の日記に、この御義口伝の一節が抜《ぬ》き書《が》きされている。それは「キティ台風」と呼ばれる巨大な台風が、関東を襲った直後だった。

キティ台風は神奈川の小田原《おだわら》に上陸し、新潟の柏崎《かしわざき》から日本海に抜けた。死者一三五人、

行方不明二十五人。沈んだり流失したりした船の被害は二九〇〇隻《せき》を超えた。関東はその前年も、前々年も、大きな台風に見舞われていた。

「御義口伝」から抜き書きした日の日記には、こうある。

〈キティ台風いたり、濁水《だくすい》の街、続出す。今日も、朝より豪雨、気が痛む。

使命を自覚する人は、隣人《りんじん》以上に、自己を清浄《せいじょう》にして、一日一日を送らねばならぬ。

偽善者《ぎぜんしゃ》となることなかれ。柔弱《にゅうじゃく》な人格者となることなかれ。社会の人々より、尊敬せられるのも、表面上の、形式の賞嘆《しょうたん》であってはならぬ。そんな、名誉を欲《ほっ》するのは、人間として、惨《みじ》めな輩《やから》である〉

〈今日も、自分自身を反省しよう。

自己に、偽《いつわ》りありや。罪を、犯《おか》しておらぬか。真に慈悲《じひ》を、痛感《つうかん》し得《う》るや否《いな》や。

さあれ、昨日までの人生は、最早《もはや》、劇であり、過去であり、夢である。今だ、今からだ。未来が、檜舞台《ひのきぶたい》であり、償《つぐな》いの道場なのだ〉（一九四九年九月二日）

「無事に届きました」

池田からの葉書を家族に読んでもらった浜崎巌は、自分で返事を書く、と言い出した。なんとか自分の手で礼状《れいじょう》を書きたかった。

〈巌さんは、戦《せん》時中《じちゅう》に（ビルマで）利《き》き腕《うで》を負傷《ふしょう》。弾丸《だんがん》二発が貫通《かんつう》した後《こう》遺症《いしょう》で、強くペンを握《にぎ》れなかった。長女の和子さんが用意した達筆《たっぴつ》な下書きを、手本にして書かれたのである。一つの文字が二センチ以上の大きさで、小刻《こきざ》みに震《ふる》えながら、二枚の便箋《びんせん》に綴《つづ》られていた。真心が痛いほど伝わってきた。家族が「封筒だけでも代筆を」と言っても、頑《がん》として聞かなかったという〉（池田のエッセー集『わが忘れ得ぬ同志』から）

ビルマ（現・ミャンマー）**で、急ごしらえの橋を渡り侵攻する日本軍の戦車**（撮影日不明）©アフロ

和子の下書きに便箋を重ね、ていねいに字をなぞった。ポストに投函《とうかん》した後は、子どものように手紙の行方《ゆくえ》を気にし始めた。

「郵便局を出発したかのう」

「もう東京に着くころかのう」

そわそわしながら過ごした。

数日後――池田から巌宛てに伝言が届いた。

「無事に届きました。涙が出る思いで、確かに拝見させていただきました。この手紙を、私は永遠の宝とします」

それから二カ月後、池田は中国地方を訪れ、岡山、広島、島根、鳥取の各県を回った。

*

被災した人々を励ますだけでなく、池田は大学生や子どもたちとも話す機会を持った。広島の福山会館では、彼らと勤行《ごんぎょう》した後、一緒におにぎりをほおばりながら懇談《こんだん》した。

「本当に信頼する人には、お世辞《せじ》なんか使わない。人間にとって大事なことは、いざという時にどういう態度をとるかだ。『つたなき《拙》者のならい《習》は、約束せし事《こと》をまことの時はわする《忘》るなるべし』（開目抄《かいもくしょう》、御書二三四ページ、新一一七ページ）とあるとおり、本当に重大な時に信心を忘れ、退転《たいてん》してしまう人が多い」

「その人の生命というものは、苦境《くきょう》に追い詰められた時、絶対の危機《きき》に陥《おちい》った時に、土壇場《どたんば》でその人の態度に現れる」

池田は子どもたちに「苦しい時、皆が希望を失い疲《つか》れている時、自信をなくしている時」に、「信心があるではないか」「御書（日蓮の遺文集《いぶんしゅう》）にこう書いてあるではないか」と言い切れる人、希望を与えられる人になってほしいと語った。

さらに「節操《せっそう》のない、紙みたいな薄《うす》っぺらな人間にはならないでほしい」「世の中で一番迫《はく》害《がい》されている人、苦しんでいる人を本質的にどう理解し、守ってあげるか、そういうことも考えられる人間になってほしい。軽々《けいけい》とした無責任な批判《ひはん》や論評《ろんぴょう》が民衆を苦しめる場合も世間にはあるのだ」と語気を強めた。

島根県の宍道湖（しんじこ）のほとりで大学生のメンバーらと懇談する池田。「20年、30年先を目指して、大成長の基礎を築いてほしい」と訴えた（1972年9月）©Seikyo Shimbun

島根では、各地から女子部のリーダーが集まり、「島根二十人会」が結成された。

そのなかの一人、藤井輝子《てるこ》は「私の住む奥出雲町《おくいずもちょう》は広島と鳥取に接する広い町です。冬は雪が五十センチを超えて、夜に車を運転していると六、七頭のイノシシの家族に道をふさがれることもあります。動いてくれるまでライトを照らしてじっと待ちます」と笑顔で語る。

小学三年生の時、母の滋子《しげこ》と創価学会に入った。その翌年、両親が離婚《りこん》。母との二人暮らしになった。

やがて母は再婚し、家族に新しい父と二人の兄が加わった。家庭が複雑《ふくざつ》になり、輝子は「誰も頼れない」「一人で生きていかなければ」と心を閉ざした。そんな時に起こったのが「昭和四十七年七月豪雨」であり、二カ月後の池田の来訪、そして四二〇〇人の記念撮影会だった。

「二十人会」や島根大学、鳥取大学の学生たちは、記念撮影の合間を縫《ぬ》って宍道湖《しんじこ》のほとりで池田と懇談した。

池田はある女子部員に「信心は、結局は自分のためにある」と語っている。「自己の宿命《しゅくめい》の転換《てんかん》、幸福の確立は、自分で行う以外にないのです。誰人が何と言おうとも、自分が決めた道をどこまでも進むのです」。

「お父さん、お母さんを大切に」

「女性は幸福になるんだよ」

池田の一言、一言が輝子の胸にしみた。この日が「希望の光」になった、と振り返る。

宍道湖での懇談の後、人生に襲いかかった悩みの波は高く、険《けわ》しかった。再婚した父親が借金を残して行方をくらませた。数百万円単位の請求書《せいきゅうしょ》があちこちから届くようになり、母と兄夫妻が営《いとな》んでいた靴《くつ》店も経営が傾《かたむ》き、倒産してしまう。

二十五歳で結婚したが、夫が始めたクリーニング店が失敗し、数千万円の負債《ふさい》を抱えてしまう。義理の父母は結婚当初、学会の信仰《しんこう》に大反対だった。

輝子は三人の男の子を授《さず》かり、目の前の課題を一つずつ乗り越えていった。現在、夫の裕久、長男の洋介、三男の泰昌とともに、手帳やファイルを作成する会社を営む。十人で始めた会社が四十人規模にまで広がり、好評を得ている。

＊

箱上《はこじょう》恵美子は「二十人会」のなかで最も豪雨の被害を受けた一人である。「宍道湖から流れる大橋川が家の近くを流れていて、宍道湖があふれ、大橋川もあふれました。床上浸水《ゆかうえしんすい》で、復旧《ふっきゅう》にしばらくかかりました」。

三年後、恵美子は島根県女子部長になり、池田と言葉を交《か》わす機会があった。

「広島で本部総会が行われた時ですが、先生から〝退転《たいてん》してはいけないよ。何があっても学会についていくんだよ〟と励まされました。この言葉の深い意味を後《のち》に知ることになりました」

夫の胃がんが見つかったのは、結婚してからわずか半年後のことだった。夫婦で心を合わせて祈り、治療《ちりょう》もうまくいき、克服《こくふく》した。三年後、長女を産《う》む際に急性《きゅうせい》の妊娠中毒症《にんしんちゅうどくしょう》に罹《かか》り、母子《ぼし》ともに危険な状態をさまよった。その七年後には兄を急性心不全《しんふぜん》で失った。

「死の恐怖《きょうふ》は強烈《きょうれつ》でした。『信心しているのに』と落ち込んだこともありました。そのたびに思い出したのが先生の言葉でした」

恵美子はこれまで創価学会の島根総県婦人部長などを歴任《れきにん》してきた。「島根の先輩方《せんぱいがた》のなかで、浜崎巌さんには題目の偉大さと、師匠《ししょう》への求道心《きゅうどうしん》を教わりました。池田先生について話をする時は、いつも涙を浮かべる方《かた》でした。信心のあり方について一番学ばせていただいた先輩です」と語る。

子どもたちの苦しさ、悔《くや》しさを知る人

浜崎巌は一九一五年（大正四年）、八束郡《やつかぐん》（現・松江市）の加賀という小さな漁村で生まれた。家は貧《まず》しかった。巌は六人きょうだいの長男だった。子どもだが、五人の親代わりの日々である。小学校に弟や妹を連れて行き、学校の廊下《ろうか》で子守《こもり》をしていた。

小学校の授業はろくに受けることができず、十三歳で奉公《ほうこう》に出された。

＊

小学校で、小学生が子守をせねばならない——大正時代の世相《せそう》は、創価学会初代会長の牧口常三郎《つねさぶろう》が小学校の校長時代、どのようなことに力《ちから》を尽《つ》くしたのかを知ると、その一端《いったん》が見えてくる。

牧口は四十一歳（一九一三年＝大正二年）からの約二十年間、東京市（当時）の小学校で校長を務めた。

日本に「小学校」というものが初めて作られてから、まだ半世紀も経《た》っていない時代である。

赴任《ふにん》したのは東盛《とうせい》、大正、西町、三笠、白金《しろかね》、麻布新堀《あざぶしんぼり》の六つの小学校。東盛、大正、三笠、麻布新堀では夜学校《やがっこう》の校長も兼務《けんむ》した。

松江市の体育館で行われた記念撮影会で、参加者に語りかける池田。「久びさに　笑顔の友の　島根かな」などの句を代表に贈った（1972年9月）
©Seikyo Shimbun

とくに三笠小学校での取り組みは当時の新聞記事にもなった。

五十歳の牧口校長の大きな悩みは、子どもが学校に来ない、ということだった。

牧口自身も小学生の時、家の仕事の手伝いで学校に行けないことがあった。品田奥松《おくまつ》という親友が、海辺の砂浜にその日の授業の内容を書いて教えてくれた。

池田はエッセーで、教師として、また校長としての牧口について綴《つづ》っている。

〈「大学を」と遺言《ゆいごん》された大学者の牧口先生も戸田先生も、大学の教授にはならなかった。一番基本の小学生の教育に専心《せんしん》なされた。

牧口先生は北海道では、あかぎれの子がいれば、お湯で洗ってやり、吹雪《ふぶき》の日には幼《おさな》い生徒を背負って、家まで送った。

東京の三笠小学校の校長時代は、極貧《ごくひん》の地

域で、窓ガラスも破れ、厚紙《あつがみ》でふさいでいるような学校であった。児童も働いていた。夜間の部では、青白《あおじろ》いガス灯《とう》が、眠さをこらえて算数に取り組む子ども達を照《て》らした。

弁当も持ってこられない子のために、先生は給料《きゅうりょう》をさいて、豆もちや食事を用意した。しかも、気がねなく持っていけるように用務員室《ようむいんしつ》に置いた。

勉強ができない、家が貧しい、家庭が暗い――子ども達の苦しさ、悔《くや》しさを全部、知っている牧口先生であり、戸田先生であった。

「何でもやろう。この子たちを、ひとり残らず幸せにするために、教師がいるのだ」

創価教育学は、人間への慈愛《じあい》という「魂《たましい》の光」から生まれた。だから、「世界」へと通じていた。だから、人間を差別する「心の鎖国《さこく》」の日本と衝突《しょうとつ》せざるをえなかった。

この「光」を、創価大学という形にするために、私は働いた〉（二〇〇〇年一月一日付「聖教新聞」）

*

三笠小学校の場合は、全校で十五クラス、八一〇人が三部に分かれて授業をしていた。最後の授業が終わるのは夜中《よなか》だった。

このころの東京の小学校事情を記《しる》したリポートには、――子どもの家庭は、ほとんどが労働《ろうどう》者階級《しゃかいきゅう》であり、「教育よりも食うこと」が先決《せんけつ》だ、という思いが強い。だから、子どもの大多数は働いて家計を助けている。授業の出席率も悪く、卒業までの六年間、通学しきれない事情

先師・牧口の生涯に思いを馳せる池田と妻の香峯子（2001年7月、東京・八王子市）。**牧口は現役の小学校長として『創価教育学体系』を発刊。太平洋戦争下の弾圧により、治安維持法違反および不敬罪の容疑で捕らわれ、獄中で殉教の生涯を閉じた。『体系』は後年、池田の尽力によって英語、スペイン語、中国語、ポルトガル語、イタリア語などに翻訳された** ©Seikyo Shimbun

を抱えた子どもも多い（趣意《しゅい》）――とある。

牧口は弁当を持ってこられない子どもたちのためにパンと味噌汁《みそしる》を用意した。その取り組みを知った「読売新聞」の取材に、これから夜学の子にも給食を始めたいと語っている。工場勤《づと》めが終わり、家に帰れず、そのまま学校に来る子もいたからだ。

しかし、「満腹《まんぷく》する程《ほど》与えてないのに『お前は学校で食べて来たろう』と言って宅《うち》で食を与えぬようなことが起《おこ》りはせぬかとそれを心配してる」（一九二二年十二月八日付「読売新聞」）――そこまで考え、足りない制度を整えていった。

小学校から大学まで、働きながら学び、学びながら働くことで「一生涯、学び続ける人生」の土台を作れる――という牧口の「半日学校制度」論は、苦しい子どもたちの現実をもとに生み出されていった。

こうした優《すぐ》れた教育者に出会えた子どももいれば、出会えなかった子どももいる。

「あの木の中から、人を魅了《みりょう》する花が咲くんですよ」

浜崎巌は太平洋戦争で徴兵《ちょうへい》され、ビルマ（現・ミャンマー）に出兵《しゅっぺい》。生還《せいかん》したが、前述のとおり、右腕に銃弾《じゅうだん》を二発受け、うまく鉛筆《えんぴつ》が握《にぎ》れなくなった。板金《ばんきん》の腕を磨《みが》き、国鉄（現・ＪＲ）の松江駅の目の前で「浜崎自動車修理工場」を始めた。妻のゆき江は巌と結婚した三日目に、巌から手紙の代筆を頼まれた。その時初めて、夫が字を書けないことを知る。

修理の仕事は「浜崎なら直せる」と評判になり、上向きだった。十数人の職人を使い、経済的に困らなくなった。巌は、ふとしたきっかけで道楽《どうらく》を覚えてしまう。朝から好きでもない酒を飲むようになった。仕事が終わると出てゆく。帰らない日も増えた。ゆき江との諍《いさか》いが激しくなった。

〈夕方一家揃《そろ》って食事をしようとするとき、ちょっとでも自分の思う様《よう》にならない事でもあると、お酒のせいで、お膳《ぜん》がひっくり返るやら、お茶碗《ちゃわん》が飛ぶやら、大変な事でございました〉

〈私はひどくやせこけて、夫婦の争《あらそ》いは絶《た》え間《ま》なく、日課《にっか》のように主人は家を後にし、三人の娘のしあわせを考えている暇《ひま》もないあきらめの毎日でした〉〈三人の娘を連れて死ぬことも何度か考えました〉〈何度、鉄道線路の前に立ったかわかりません。どうしても死のうと思い続ける、私でございました〉（浜崎ゆき江の手記）

心身ともに疲れきっていた時、ゆき江は同業者の妻から創価学会の話を聞く。

「母がミカン箱に御本尊《ごほんぞん》を安置《あんち》して題目を唱《とな》え始めたのは、私が中学三年生の時でした」（長女の宮井和子）

巌は猛反対《もうはんたい》し、手もあげた。座談会《ざだんかい》がゆき江の支えになった。

〈私にとって大きな変革をもたらしたのは座談会に参加することでした。家にとじこもり人前に出て話すことなど想像もできなかった自分自身が、明るい雰囲気《ふんいき》に引き込まれるように語りの主人公になっていたのです。

そんな私の変化が夫の心にできた氷のように冷たく厚い壁《かべ》を徐々《じょじょ》にとかしていったのです〉〈（昭和）三十二年五月、（夫が）「俺も信心してみようか」とポツリといってくれたときの喜びは一生忘れません〉（浜崎ゆき江の手記）

*

夫婦で月に三十世帯の弘教《ぐきょう》を実らせることもあった。工場の二階に六十畳《じょう》ほどの広間をつくり、会合で使えるようにした。

学会に入って二年後、巌は松江地区の地区部長に、ゆき江は地区担当員（現在の地区女性部長）になった。長女の和子は、ある冬の夜、父の巌がミカンを一個、宝物のように大切に両手に包《つつ》んで見せてくれたことを覚えている。

「池田先生からいただいてきた」。そう言ってニコニコと笑った。巌は松江地区の人々を家に呼んで、ひと房《ふさ》ずつ分けて食べ、池田から聞いてきた話を伝えた。

——一九六〇年（昭和三十五年）の二月、池田が中国地方に赴《おもむ》いた。巌は岡山から鳥取に向かう列車に同乗《どうじょう》した。

「人前でうまくしゃべれません。読み書きも苦手なんです」「自分は至《いた》らない、力もない、知恵もない者です」と口にした。

車窓《しゃそう》から桜の木が見えた。花咲く日を待つ、裸《はだか》の黒い木だった。池田は「浜崎さん、あの木の中から、人を魅了《みりょう》する花が咲くんですよ」と声をかけた。「私たちの心も見えない。けれど、一人ひとりに、人をひきつける仏性《ぶっしょう》があるんです。それを確信していけばいいんです。学問や地位ではありません。信心さえしっかりしていればいいんです」。

それまでの人生で、そんなことを言ってくれた人はいなかった。巌はこの車中の光景を冬が来るたびに思い出した。

日蓮は、凡夫《ぼんぷ》に仏の生命が具《そな》わる不思議《ふしぎ》を、〝火打ち石から火が出る不思議、木の中から花が咲く不思議〟に譬《たと》えている（観心本尊抄《かんじんのほんぞんしょう》、御書二四二㌻、新一二八㌻）。

〈私は小学校も満足に出ていない。小さいころ育った家庭環境の複雑さがそうさせたのではあるが満足に教育を受けることができなかったことから、他の人のようにうまく話せない。また、幹部として教学力がないという悩みは、いつもつきまとって離れないものであった。

だから私が支部長になる、という話を聞いたときの驚きといったらたとえようがない〉（浜崎巌の手記）

松江支部の結成大会終了後、場外にあふれた参加者にあいさつする池田と浜崎巌。この日、池田は〝自分自身の幸福のために、宿命転換のために、大聖人様のおおせどおりに、勇気をもって仏道修行に励んでいただきたい〟と語った（1961年4月）©Seikyo Shimbun

東京から来た幹部に「ぜひ支部長に」と言われた。しかし巌は絶対に無理だと思った。松江支部はすでに七〇〇〇世帯を超えていた。

「学校も出ていないし、地区部長をやっても家内《かない》におんぶにだっこ。支部長なんてとてもできない。受けるわけにはいきません」——そう言って、涙を流して断《ことわ》った。

〈それまでそばでじっと聞いていた妻が思わずにじり寄ってきて、私の身体をゆさぶってこう言った。「おとうさん、頑張《がんば》ってみようよ、私が協力するから」――この妻の言葉に私の腹が決まった〉（同）

しばらくして、池田は関西本部でゆき江と懇談する機会があった。「ご主人と一緒に勤行すること、一緒に御書を拝読《はいどく》すること、一緒に新聞を読むこと」を心がけ、「片腕《かたうで》となってご主人を支えてください」と頼んでいる。

池田を迎えた支部結成大会に巌は、長女の和子にひらがなとカタカナで書いてもらった十三行罫紙《けいし》の原稿を一週間前から練習して臨《のぞ》んだ。

しかし、一万人が集まった会場を見渡し、頭が真っ白になってしまう。字が頭に入らない。沈黙《ちんもく》の時間が三十秒、一分と過ぎていく。場内に座っていた巌の母が、たまりかねて題目《だいもく》を唱え始めた。

「口《くち》八丁《はっちょう》、手八丁
くらいでいい」

後年、巌は「みんなが心配して、あっちこっちから、題目の声が聞こえてきたんですわ」と苦笑《にがわら》いで語ったが、この時は生きた心地《ここち》がしなかった。

浜崎の自宅を訪れ、「声佛事（こえぶつじ）」と認（したた）める池田（1961年4月、松江市）©Seikyo Shimbun

結果的に参加者の心が一つになり、池田はこの無言の数分間を「名演説だね」と称《たた》えた。男泣きの巌を、温かい拍手が包んだ。

会合が終わると池田は巌を連れて場外へ出た。会場に入れなかった参加者たちの前で、巌の肩を抱いて「松江の支部長は、私がお願いしてなってもらったのです」「どうか皆さんで守ってください」と話した（潮ワイド文庫『常勝関西の源流』に詳述）。

会合の後、池田は浜崎宅に寄った。「一番困っていることはどんなことですか」と尋《たず》ねた。

巌は「ものが言えないんです」「どうやって指揮をとればいいか」と尋《たず》ねた。

池田はその場で色紙に大きく、

〈声佛事《こえぶつじ》〉

と書いて巌に贈った。

日蓮の「御義口伝《おんぎくでん》」に、

〈声、仏事をなす。
　これを名《な》づけて経《きょう》となす〉

という一節がある（御書七〇八ページ、新九八五ページ、章安《しょうあん》大師の「法華私記縁起《ほっけしきえんぎ》」から）。

池田は厳に、具体的に「長い話をしなくてもいいこと」「しっかり題目をあげること」「人となんでも話せる機会をつくっていけば、自然に話せるようになること」を伝えた。

この「御義口伝」を通して、池田は次のように語っている。

「『声仏事を為す』です。しゃべらなければならない。『口八丁《くちはっちょう》、手八丁』くらいでいい。もちろん『弁才《べんさい》』と言っても、たんなるおしゃべりではない。たとえ短い言葉であっても、ぴしっと的確に破折《はしゃく》できる。

また、相手が心の底でいちばん知りたいことに、きちっと答えていける。自分が分からなければ、『分かる人のところに行きましょう』。それでもかまわないのです。それがいちばんいい場合だってある。大切なことは相手の『心を揺《ゆ》さぶり』『心をつかむ』力《ちから》です」（普及版『法華経の智慧《ちえ》』〈下〉二十一ページ）

「『声仏事を為す』です。『声悪事《あくじ》を為す』場合もある。良き言葉は、良き心と体をつくる。悪い言葉は、悪い心と体をつくる」（同四四三―四四四ページ）

「目立たないところで信心している人が多い」

巌は知恵をしぼった。いつしか「題目の浜崎」と呼ばれるようになった。御書を、読めなくても、読む。巌のそんな姿を松江の草創《そうそう》の人々はたびたび目にした。

「父は、信心の相談や指導を受けに来た学会員さんによく『御書の何ページを開いて』と言っていました。その人が御書を開くと、何行目を読むように、と頼む。そのうえで話をするんです。父は母と相談して、御書の表紙を開いたところに〝ページ数の一覧《いちらん》〟をつくりました。そこにはたくさんの数字が母の字で書き込まれていました」（宮井和子）

病気と闘《たたか》っている人には何を言えばいいか。人間関係で苦しんでいる人には。夫婦げんかで家を飛び出した人には。巌は自分なりにテーマを考え、御文《ごもん》を決めて、そのページ数を暗記《あんき》したのである。

〈〝うなぎの寝床《ねどこ》〟のような島根県の地形。（松江支部は）東西二五〇キロにもおよぶグーンと広がった支部である。（学会活動のために）車を駆《か》って一度松江を出ると一週間はもどってこられない。支部員は米子《よなご》、岡山、新見《にいみ》、隠岐《おき》の島等々、あちこちに点在している〉

〈大きな悩みを抱えている人に出会うと、よく一緒にトコトンまで題目をあげた。私のできることといえば題目をあげることしかない。マトを射《い》た指導といっても思うように話すことができないし、御書の文証《もんしょう》もスラスラ、というわけにはいかない。〝力がない〟そう思うたびにひたすら題目をあげ続けた〉（浜崎巌の手記）

遠隔地《えんかくち》に足を運ぶと「目立たないところで信心している人が多い」と感じた。

目標を掲《かか》げたものの、あきらめかけている人には、「御書の一四四〇ページの五行目を」と言った。

〈始《はじ》めより終《お》わりまで、いよいよ信心をいたすべし。さなくして、後悔《こうかい》やあらんずらん。譬《たと》えば、鎌倉より京へは十二日の道なり。それを十一日余《あま》り歩《あゆみ》をはこ《運》びて、今一日に成《な》って歩みをさ《差》しお《置》きては、何として都の月をば詠《なが》め候《そうろう》べき〉（新池《にいけ》御書、新二〇六三ページ）

——鎌倉から京の都まで、歩いて十二日かかる。十一日目まで歩いて、そこであきらめてしまえば、都の月を眺《なが》めることはできないではないか——この一節を引いて、あきらめない心を説《と》いた。

ある人には「わしは読むんが苦手だけんね」と笑いながら、「御書の一二五三ページを」と促《うなが》した。そのページの後ろから三行目には、こう書かれていた。

〈法華経を信ずる人は冬のごとし。冬は必ず春となる。いまだ昔よりき《聞》かずみ《見》ず、冬の秋とか《返》えれることを。いまだき《聞》かず、法華経を信ずる人の凡夫《ぼんぷ》となることを〉（妙一尼御前御消息《みょういちあまごぜんごしょうそく》、新一六九六ページ）

11年ぶりに島根を訪問し、島根広布25周年を記念する集いに出席した池田。「苦楽思い合わせて、御本尊に南無妙法蓮華経と唱えゆくところに、崩れなき幸（さち）へと向かいゆく人生の大道が開ける」と述べ、〝栄光の島根であれ〟と呼びかけた（1984年5月、松江市）©Seikyo Shimbun

＊

巌が亡くなって数年後、長女の和子は、自宅を訪ねてきたある人から話を聞いた。

「その方《かた》は『私が悩み事を相談した時、あなたのお父さんは、そうか、そうかと話を聞いて、懇々《こんこん》と励ましてくれて、帰り際《ぎわ》、玄関で〝今度来る時は、お前な、笑顔で来いよ〟と言ってくださった。この玄関に立つと、あの一言を思い出すんです』と。真心から出る一言というのは、人の心に響《ひび》くものなんだと教わりました。忘れられません」（宮井和子）

巌は八十八歳で、ゆき江は九十二歳で生涯を終えた。三人の娘はそれぞれの地で創価学会のリーダーとして活躍している。

〈生前、巌さんは「わしゃ、無学《むがく》だけん」と微笑《ほほえ》んでおられた。本来、仏法で説く

「無学」とは、学を究《きわ》め、煩悩《ぼんのう》を断《だん》じ尽くして、もはや学ぶべきものが無くなった境涯《きょうがい》をいう。

わが学会には、広宣流布に生き抜いた、真の「無学」の勝利者が、巌さんはじめ多数おられる。

ゆえに最も強いのだ〉（前掲『わが忘れ得ぬ同志』）

信仰とは屈《くつ》しないこと

池田が称える「無学の勝利者」は、日本人だけではない。南米から届いた一片《いっぺん》の報告を、大きな会合で話したことがある（一九八九年の全国青年部幹部会）。

日本からペルーまでは、アメリカのロサンゼルス経由《けいゆ》の飛行機で丸一日かかる。首都のリマから、さらに六三〇キロメートル。アンデス山脈に抱かれた標高《ひょうこう》三三六六メートルの地に、タウカという名前の村がある。当時はまだ電気が通じていなかった。

このタウカ村で、ナルシサ・デ・ラ・クルースという女性が信心を始めた。池田のペルー初訪問（一九六六年）から数年後のことだった。

「彼女は九人もの幼《おさな》い子どもを抱えながら、夫に先立たれて間もないころであった。生計《せいけい》の途《みち》といえば、わずかに一枚の畑しかなかった。加えて、少女のころから、耐えがたい頭痛《ずつう》におそわれるという持病《じびょう》があった。

ペルーSGI（創価学会インタナショナル）の会館で行われた展示会に足を運んだナルシサ・デ・ラ・クルース（中央）。タウカ村出身のメンバーらとともに記念のカメラに納まる（2018年4月、リマ）

だが、信仰の功徳《くどく》は歴然《れきぜん》と顕《あらわ》れた。あれほど苦しめられた持病がまったくなくなったのである。学校に十分行かせてもらえなかった彼女は、読み書きができず経文が読めなかったため、自分が折伏《しゃくぶく》した人から読み方を教えてもらった」（『池田大作全集』第七十二巻）

ナルシサは勤行《ごんぎょう》を覚えるのに六年かかった。その間に、一枚だった畑は二十二枚に増えた。

「無理解《むりかい》と誤解《ごかい》による、さまざまな圧迫《あっぱく》が打ち続いた。小さな村中に聞こえる村役場《むらやくば》のスピーカーをとおして、さんざん悪口を言われたりしたことも、一度や二度ではなかった。だが彼女は、どんな役人や村人の前でも仏法の正義を言いきった」（同）

ナルシサは居丈高《いたけだか》な人たちに向かって

「これまでの人生にあって、この仏法の世界以外に、本当に自分を幸せにしてくれたものは何ひとつなかった」と語った。「私に信心をやめさせようとするその人が、私を幸せにしてくれるとでもいうのか。私には、妙法の信仰によって、最高の幸福を勝ちとる権利がある」。

少しずつだが、村人の対応が変わっていった。

「さらに彼女の偉大なところは、信心に反対されても、懸命《けんめい》に村のために尽くしていることである。

村が豊かになって、電灯がつけられるようにと、植林《しょくりん》事業の中心となって活躍。また村の共有財産《きょうゆうざいさん》である八百頭もの牛が、悪徳《あくとく》の役人によって不当に横取りされているという事件があった時は、彼女は、自分たちの牛を取り返すために、先頭に立って横暴《おうぼう》な役人と戦っている。彼女は、信心に反対されているからといっても、決して地域社会と断絶《だんぜつ》はしなかった。むしろ、地域の人々に貢献《こうけん》するために、みずからすすんで行動している。

言葉だけではない。この、人々のためにとの行動が、環境を大きく変えていったのである。今では、若き村長までが、彼女のことを『村一番の協力者』といって、信頼を寄せているという。村長の母親も入会している」（同）

池田はナルシサの半生を通し、青年部に「信仰とは屈《くっ》しないことである」と訴えた。九十歳のナルシサは今、リマで娘のドミンガの家族と元気に暮《く》らしている。

「私は灰になっても話をする」

また池田は、学会の最高幹部が集まった会合で「火星の探査機《たんさき》につけられた名前」の話をしたことがある（一九九七年、代表幹部研修会）。

初めて火星を走る車――ＮＡＳＡ（アメリカ航空宇宙局）は世界中の子どもたちから名前を公募《こうぼ》した。

「選ばれた名前は、有名な科学者や政治家などの名前ではなかった。一人の庶民の女性の名であった。それは『ソジャーナ』。ちょうど二百年前の一七九七年、ニューヨーク州に生まれた女性である。

ソジャーナ・トゥルース（一七九七年―一八八三年）。彼女は奴隷《どれい》の境遇《きょうぐう》から立ち上がって、黒人差別と女性差別に挑《いど》んだ女性である」（前掲全集第八十八巻）

ソジャーナは、もともとはイザベラという名前だった。しかし、「人」ではなく「物」として扱われた。ニューヨーク州のキングストンで奴隷として売られた。十六歳で結婚させられ、産んだ子どもも奴隷として売られてしまう。

しかし、ニューヨーク州では奴隷解放の時代が近づいていた。自由を得たイザベラは、裁判を起こし、売られた息子を取り戻す。〈奴隷が、女が、そんな大それたことを、するだろうか。

いままでだれもきいたことがなかった。だが、イザベラはしたのだ〉（アン・ロックウェル作、もりうちすみこ訳『とどまることなく　奴隷解放につくした黒人女性ソジャーナ・トゥルース』国土社）。

　イザベラは「たえず先へすすんでいく人」という意味の「ソジャーナ」、そして「真理」を意味する「トゥルース」を自分の名前にした。キリスト教の信仰を胸に、南北戦争の時代を生き、奴隷解放《かいほう》運動の旅を続け、歌い、語り続けた。

「読み書きもできなかった彼女の武器は、たった一つ。勇気凜々《りんりん》の『声』であった。

　彼女は言う。『私は本を読むことはできません。でも、人の心を読むことはできます』彼女には学歴《がくれき》はなかった。気取《きど》りもなかった。あったのは、差別は絶対に許さないという『怒り』であった。何と批判されようと、正義は正義だという『確信』であった。そこから勇気がわき、知恵がわいた。

　叫《さけ》ばずにはいられない。語らずにはいられない――その真剣さが、人々の心をつかみ、揺《ゆ》さぶっていったのである」（前掲全集第八十八巻）

　池田はソジャーナの生涯を紹介しながら、「私は、草創《そうそう》の婦人部の方々を思い出す」と語っている。

「見栄《みえ》もなく、気取りもなく、ただ、まっすぐに戦った、けなげなる方々――。ある時は、学校を出ていない婦人部の同志が大学教授を見事に折伏した。このことを聞いた戸田先生は、それはそれは喜んでおられた」

＊

　ソジャーナは〈奴隷としてうける、かずかずのむごいことについて、女王のようにどうどうと語った〉。「話をしたら会場に火をつけるぞ」と脅《おど》されたこともある。彼女は「わたしは灰になっても話をする」と言った（前掲『とどまることなく』）。

　彼女の生涯を通し、池田は訴えた。

「皆に笑われ、バカにされ、迫害され……その彼女の名前が今、宇宙船に乗って、火星にまで旅しているのである」

「権力や人気に酔《よ》った人生は、むなしい。虚飾《きょしょく》の名声は、時とともに色あせる。しかし、人間のため、民衆のために、難を受けながら戦った人の名前は、時とともに光を増していく」

（前掲全集第八十八巻）

　池田はさまざまな角度から「難を受けながら戦った人」を探し、その戦いに学び、光を当ててきた。

　戸田城聖《じょうせい》のもとで薫陶《くんとう》を受けた青春の日々から、創価学会の会長職を経て、出会い続けた人々に何を与え、何を共有しようとしてきたのか。さらに追う。

「識者の声」篇

別枝行夫／茂木健一郎

池田大作ＳＧＩ（創価学会インタナショナル）会長は民衆のなかに飛び込み、一人ひとりに真剣に向き合い、激励を重ねてきた。また、日蓮《にちれん》仏法に基《もと》づく確固たる哲学をもって未来への大きなビジョンを掲げてきた。池田ＳＧＩ会長の行動を識者はどう見るのか。

日中友好の橋を架けた国交正常化提言の重み。

別枝行夫
島根県立大学名誉教授

池田提言が果たした役割

「潮」（二〇一九年九月号、十月号）の連載「民衆こそ王者」に、創価学会と日中国交正常化の歴史について記されています（編集部注＝単行本『民衆こそ王者』第十七巻に収録）。戦後の日中関係について長年研究してきた研究者として、興味深く拝読しました。

創価学会の池田大作会長（当時）が「日中国交正常化提言」を発表されたのは、一九六八年九月八日のことです。日中国交正常化（七二年九月二十九日）の四年前のことでした。提言のなかでとりわけ印象に残るのは、以下のくだりです。

〈一九五二年に台湾の国民政府との間に日華条約が結ばれており、日本政府はすでに日中講和問題は解決されているという立場をとっています。だがこれは大陸・中国の七億一〇〇〇万民衆をまるで存在しないかのごとく無視した観念論にすぎません〉

〈地球全人口の四分の一を占める中国が国連から排斥されている現状は国連の重要な欠陥であります〉

この発言が、六八年九月の段階でなされたことは驚くべき事実です。六五年に表面化した文化大革命の大混乱は六八年九月から十月にようやく峠を越えたばかりでした。日本国内の「中国ブーム」は七〇年に入ってからのことであり、六八年段階でこのように踏みこんだ提言が発表された事実に、人々は驚愕《きょうがく》しました。長時間をかけてなされた大演説は格調が高く、中国のみならず、アジアの国際関係全般にわたって具体的な提言がなされています。

提言は公明党の党大会や創価学会全体の総会ではなく、若い人ばかり一万数千人が集う学生部総会で発表されました。私の学生時代の知人がたまたまこの会合に参加しており、後に当時の様子を聞いたことがあります。もともと平和志向が強い創価学会の学生は、提言を聞いて大変熱狂したそうです。

これまで私は研究者として、政治家や日中両国の外交官、ジャーナリストなど多くの関係者に聴き取り調査を行ってきました。六八年当時、日本で新華社通信の特派員を務めていた劉《りゅう》徳有《とくゆう》氏から、後に私が聞いたところによると、池田提言に興味をもった劉氏は原文を手に入れ、周恩来首相に送信したそうです。「周首相は、私が日本から送った文書に全部目を通している。周首相は提言を読んだはずです」と語っていました。

周首相の部下であった外交官・孫平化《そんへいか》氏（後に中日友好協会会長）は、六四年、日本訪問の報告を行った際「周首相は、日本の高速道路建設と創価学会の躍進に興味をもった」と証言しています。

田中角栄内閣が発足したのは七二年七月七日、日中国交正常化が実現したのはその直後の九月二十九日です。当時大学一年生だった私は、「なぜ田中首相がこんなにあっという間に国交正常化を実現できたのか」と不思議でなりませんでした。公明党と創価学会にナゾを解くカギがあったことを後に知りました。

高碕《たかさき》達之助、松村謙三、田川誠一、古井喜實《よしみ》といった自民党の親中派議員は、「覚書《おぼえがき》貿易」のルートを作って活動していました。しかし一方で、自民党には佐藤栄作首相をはじめとする親台湾派議員も大勢います。日本社会党はソ連派と中国派に分裂していました。民社党は春日《かすが》一幸《いっこう》党首を除いて台湾派ばかりです。日本共産党は文革の間、中国から「四つの敵」の一つとして数えられていました。中国が活用できたのは、「親中国」で一枚岩となっている公明党だけでした。

七〇年三月十一日、松村謙三氏は池田会長に「私と一緒に周総理に会いに行ってください」ともちかけます。すると池田会長は次のように答えたと『民衆こそ王者』（単行本第十七巻）に書かれていました。

「ありがたいお話ですが、私は宗教者であり、創価学会は仏教団体です。国交を回復するのは政治の次元でなければできません。ですから、これは私のつくった公明党の議員を、松村先生に紹介させていただき、よく指導を受けて、訪中することがいちばん正しいと思います」

　こうして七一年六月十四日から中国を訪れた「公明党第一次訪中団」を、中国は日中国交正常化のパイプ役として選んだのです。学生部総会での池田提言によって、日中友好に向けて公明党が行くべき道ははっきり決まりました。公明党史をまとめた『大衆とともに　公明党50年の歩み』にも、池田提言がもつ意味あいや日中国交正常化の交渉について詳しく記録されています。

アジアの友好と民間交流

『民衆こそ王者』（同）では、日中国交正常化から三年後の七五年に、中国からの国費留学生六人を創価大学が初めて受け入れたことが記されています。このことは中国でもよく知られています。学生の身元保証人になったのは、創価大学創立者である池田会長本人でした。

　実は、私が勤めている島根県立大学は二〇〇〇年四月の開学以来、中国から「交流県留学生」を毎年二人ずつ受け入れてきました。私は一九九七～一九九九年の二年間、吉林《きつりん》省長春市で大学教授を務めながら、島根県立大学に留学生を迎え入れるための準備と交渉に当たりました。二〇〇三年以降は寧《ねい》夏《か》回族《かいぞく》自治区からも交流県留学生を迎えています。私が吉林省に行っていたときに出会った、ある学生が日本への留学を希望しており、その候補の一つに創価大学を挙げていました。最終的に別の大学に行ったのですが、創価学会が中国のあちこちの大学に図書を贈呈し、大学図書館に「池田文庫」があることを私に語ってくれたものです。

宗教団体や大学・学術機関による民間交流は、政治家の利害やイデオロギーとは別のところで動きます。五年、十年という短いスパンではなく、「五十年の計」という長い目で見たときに、こうした民間交流の成果は必ず花開くはずです。

せっかく日中関係、日韓関係が良好な方向へ流れかかったとき、一部の政治家の心ない発言のせいで、両国の関係が逆方向に揺り戻される歴史が繰り返されてきました。友好の歴史に泥を塗ることを平気で言うのみならず、「どれだけ謝り続ければ許してくれるのか」という言い方自体が不遜《ふそん》の極みです。

「足を踏んだ人はすぐ忘れてしまっても、足を踏まれた人はそのことをずっと覚えている」。

これに尽きます。十九世紀後半以降、日本がアジア諸国で何をしてきたのか。その歴史を真摯《しんし》に学び、今後自分たちに何ができるのかを考え、そして具体的に行動しなければなりません。公明党をはじめとする政治の役割は、何があろうがブレずに「友好」という基本原則を貫くことだと私は思うのです。

目の前の一人に寄り添い
未来も見据える指導者。

茂木健一郎　脳科学者

一般論ではない親身な言葉

今回、「潮」の連載「民衆こそ王者」を読んで、「一期一会」と言いますが、やはり人間は一つの出会いを大切にしなくてはいけないんだなと、改めて感じました。

一九五〇年の夏に、若き日の池田ＳＧＩ（創価学会インタナショナル）会長が横浜の鶴見《つるみ》の会員宅を激励に訪ねられたエピソードがありました。強く励まされた会員さんは、大変貧しいなかでせめてもの感謝の気持ちから、飼っていた鶏の卵を差し上げます。会長は「新鮮だからおいしいですね」と召し上がります。会長が帰ったあと、座布団の下には、そっと代金が置かれていたそうです。そしてずっと後年に、会長はこれまでで一番おいしかったものとして〝横浜の一婦人がくださった産みたての温かい卵〟の話をされる。

池田会長は青年時代から、毎日のように何十、何百、何千という人にお会いになる生活だったでしょう。けれども、どの人との出会いも蔑《ないがし》ろにせず、誰に対しても「一人の人間」としてちゃんと向き合って話されてきたのだと、この話を読んで感じました。

　脳の研究をしていると「過去は育つ」という言い方をします。その後の人生のなかで過去の記憶が育っていく。たった一日のことでも、歳月とともに心のなかで大切な思い出として育っていきます。

　『民衆こそ王者』は、そのあたりを非常に丹念《たんねん》に取材されていて、大変興味深いです。

　たとえば『論語』は、孔子《こうし》が亡くなって数百年も経《た》ってから、私たちが知っているような形にまとまります。その間、孔子という人は弟子に対してこんなことを言っていたと、人から人へと伝えられていたわけです。

　このような人間の記憶を通した伝達は、ビデオやレコーダーを用いた物理的な記録とは異なり、人間性が込められたものになります。記憶の継承によって『論語』は成立していくのです。

　ほかにも、池田会長が一人ひとりの悩みに、その人の立場に立って、親身に話をされていることが印象に残りました。僕の学生時代のことを思い出しても、あるいはいま、若者と接していても感じるのは、悩んでいる青年は一般論を求めているわけではないということです。

　ところが、学者や教員のなかには、一般論の理屈ばかりを話してしまう人がいます。相談する側からすれば、いま抱えている問題、自分の悩みや苦しみを受け止めてくれたうえで、親身に言葉をかけてほしいのです。

会長は恩師・戸田第二代会長から薫陶《くんとう》を受けた「戸田大学」で、非常に深い教学のみならず、物理や化学まで勉強されていたわけですから、当然、学問的な知識や理論をもっています。しかし、やはり優れた指導者というのは、そういうものを全部取っ払って、目の前の青年の苦しみや大変さに寄り添って言葉を発する。

他人ではあるものの、自分事として考えてくれる。これは本当に若い人にとってありがたいことだと思います。

若き日の望ましい困難

僕は、池田会長や戸田会長のスピーチの録音を聞いたことがあります。そこではさまざまな人に向け、広い視野に立って、思想やビジョンを話されています。それは一人の人間と膝《ひざ》詰《づ》めで向き合い、至近距離で寄り添って話すときの話し方とは、異なります。この両方を兼ね備えている人はなかなかいません。

単に一人に寄り添って話を聞くだけであれば、広いビジョンや未来図は見えてこない。近いものも大事にするし、遠くのものも見据える。指導者は、この両方ができることが大事だと思うのです。

評論家の小林秀雄も嘆《なげ》いていたことですが、生きる意味や、どう生きるのかを教えてくれる学問が日本にはありません。

二〇二〇年四月号（編集部注＝単行本『民衆こそ王者』第十七巻に収録）に、悩みを抱えた青年が、青年時代の池田会長のご自宅を訪ねる話がありました。会長は「必ず来ると思って、待っていた」と話し、そのまま一緒に銭湯《せんとう》に行かれる。そして、湯船《ゆぶね》で彼の話に耳を傾け、「広宣流布は青年部がやるんだよ」「一緒になって悩もうじゃないか。苦労しようよ」と励ましました。自宅に戻ると、レコードを一緒に聴きながら、リーダーとしての要諦《ようてい》を懇切丁寧《こんせつていねい》に教えられました。

脳にとっては、理屈ではなく、このように一緒の場を共有する「身体性」が重要になります。これは狭い意味での西洋流の「学び」というよりは日本の伝統的な「道」に近い。「師弟」「修行」などはすべてそうです。

若き日の池田会長は、学業を断念してまでも戸田会長の苦境を支えられました。生きる意味や人の道というのは、合理的に割り切れるものではなく、運命を共にして一緒にさまざまなことをやってみるなかでしか学べないのです。

また、脳科学では「望ましい困難」という考え方があります。子どもの頃のアインシュタインは、言葉の発達が遅かった。何かしらの困難があるからこそ、常人にはないような能力が発達することがあるのです。戸田会長の事業が苦しいとき、合理的に考える秀才であれば逃げたはずです。しかし、池田会長はあえて火中の栗を拾うように師匠を支え続けました。それが結局、会長にとっては「望ましい困難」になったのではないでしょうか。

リーダーシップ論、組織論では、トップがどこを指し示すかが重要だと言われます。アメリカの実業家であるイーロン・マスクさんは、火星移住計画という「無謀《むぼう》」とも思える目標を掲げています。しかし、そこに向かってトップ自身が走り続けていると、働いているみんなもやる気になって頑張るわけです。

四月号（同）には、学会がまだ数万世帯だった頃、池田会長が自分のアパートに集まった青年たちに「これからはあらゆる勉強をしないといけない。仏法は世界宗教になっていくだろう」と語られたエピソードがありました。五月号（第一章）には、貧しくてタクシーにさえ乗れない会員の方に対して、「いつか一緒にハワイに行こう」と励まされる。その方は途方もない話だと思っていたものの、結果的には十四年後にハワイ指導に赴《おもむ》く会長に同行されている。

楽天的で、みんなに高い目標を指し示し、しかも自分で実践している。組織としては一番やる気が出るトップの姿です。同時に、池田会長は〝地ベタ〟のことを忘れない。どんなに無名で、生活が苦しくて、教育も受けられていないような人にも、「あなたは大事な人なんです」ということを、一人ひとりに伝えている。

僕のような立場から読むと、ある種の成長する企業の物語にも読めます。ダメな企業というのは、会社の成長や利益ばかりに夢中になって、社員の人間性を尊重せず道具として使ってしまう。

草創期の学会を企業にたとえれば、ものすごい急成長を遂《と》げたわけです。でも、その過程で決して人間を手段として使っていない。どんな人も価値のある大切な存在なんだと一貫してきたことが、今日につながっているのでしょう。

人間を大事にしない組織は続かない

いま、さかんに言われる「持続可能性」という視点から考えれば、人間を大事にしない組織は続きません。学会の方と話していていつも感じるのは、おおらかさというか、ゆったりしている点です。それはやはりＤＮＡなのだろうと思います。

たとえばイギリスから日本に来た僕の知り合いは、親しくつき合うようになって三年ほど経《た》って「実はＳＧＩのメンバーで、家族もみんなそうなんだ」と教えてくれたことがあります。いまや、学会はグローバルな組織だからかもしれませんが、〝無理をしていない〟感じがあります。そして、これは草創期の様子にすごく表れているなと興味深く拝読しました。

教学の大切さを強調されているのも印象的でした。学会は御書《ごしょ》（日蓮《にちれん》の遺文集《いぶんしゅう》）の整備も初期にしています。御書をはじめ、日蓮の思想や仏教哲学が記された「教学」こそが学会の基礎だと思います。そうした基礎を、世代を超えて学び続けるということはとても重要なことです。

日蓮のような天才が書き遺《のこ》したものは、一通り読めば終わりではなく、時代を越え、読み手を取り巻く環境が変わるたびに、また新しい意味を見いだしていけるからです。ましてや、今回のパンデミックのように、予測不能な世界規模の変化も起こります。だからこそ、若者から高齢者まで一緒に学び続けるという姿勢がすごく大切なのです。

　熱帯雨林に多くの生きものがいるのは、熱帯雨林がずっと続いてきたからです。それと同じように、人の集まりも長く続いていると、多様性が育《はぐく》まれていく。以前、お誘いを受けて創価大学で授業をしたときに、強くそう感じました。お世辞《せじ》で言っているのではありません。僕はいろいろなところで授業をしていますが、創価大学には一番素晴らしい学生がいました。

　みんな前向きだし、価値観や人間を大切にする姿勢がしっかりしている。留学生もたくさんいて、すごくインターナショナルです。人を肌の色や出身地、言葉や宗教で判断してはいけないということが徹底されていました。

「潮」はこの（二〇二〇年）七月で創刊六十周年を迎えると伺いました。組織も雑誌も〝続ける〟ことで多様性が育まれる。気が早いですが、ぜひ次の六十年をめざして頑張っていただきたいと思います。

初出　月刊『潮』

未来に生きる人篇（16）　（二〇二〇年五月号）
未来に生きる人篇（17）　（二〇二〇年六月号）
未来に生きる人篇（18）　（二〇二〇年八月号）
未来に生きる人篇（19）　（二〇二〇年九月号）
未来に生きる人篇（20）　（二〇二〇年十月号）
未来に生きる人篇（21）　（二〇二〇年十一月号）
未来に生きる人篇（22）　（二〇二〇年十二月号）
未来に生きる人篇（23）　（二〇二一年一月号）
未来に生きる人篇（24）　（二〇二一年二月号）
識者の声篇　（二〇二〇年七月号）

単行本化にあたり、全編にわたって修正・加筆しました（一部、敬称を略しました）。

文中の年齢、肩書き等は原則として連載時のものです。また、引用文中のルビは編集部によるものです。

民衆こそ王者　池田大作とその時代 18
「地区講義の光」篇

2023 年 7 月 3 日　初版発行

著　者　「池田大作とその時代」編纂委員会
発行者　南　晋三
発行所　株式会社　潮出版社
〒 102−8110　東京都千代田区一番町 6 一番町 SQUARE
電話　03−3230−0781（編集部）
　　　03−3230−0741（営業部）
振替　00150−5−61090
印刷・製本　大日本印刷株式会社
© Ikeda Daisaku to sono jidai hensan iinkai 2023
Printed in Japan　ISBN978-4-267-02308-8　C0095
落丁・乱丁本は送料弊社負担でお取り替えいたします。営業部にご一報ください。
本書の全部または一部のコピー、電子データ化等の無断複製は、
著作権法上の例外を除いて禁じられています。
本書を代行業者等の第三者に依頼して電子的複製をおこなうことは、
個人、家庭内等使用目的であっても著作権法違反となります。
[https://www.usio.co.jp]